嵩山少林拳法编纂委员会（排名不分先后）

顾　　问：张耀庭　　门惠丰　　杨　丽（女）　　栗胜夫　　爨随堂
　　　　　蔡玉建　　冯宏芳（女）　马学智　　李世英　　马延春
　　　　　毛玉成　　段全伟　　李艳君（女）　胡秀娟（女）
　　　　　王宗仁　　郑光荣　　冯根怀　　郑书敏　　梁松华　　王松伟
　　　　　梁继红　　李　菲（女）　陈俊杰　　李劲飞　　郑跃峰
主　　任：梁少宗
副 主 任：常福晓　　张光耀　　周洪多　　李泽飞　　梁毛占
委　　员：魏永平　　王德克　　许正伟　　许路明　　王少威　　梁省伟
　　　　　马玉春　　张　召　　申卫娜（女）　李小宁（女）

嵩山少林拳法编纂人员（排名不分先后）

主　　编：梁少飞
副 主 编：冯宏鹏　　洪　浩　　张月霜（女）　梁洪勋　　梁洪亮
　　　　　刘连祥　　李光捷　　宋　岩　　潘　勇　　王华辉　　王　锐
　　　　　冯殿华（女）李立三（女）郭琳琳（女）刘　冰（女）
编　　辑：李占国　　刘治国　　杜景涛　　赵　跃　　乔占辉　　李晓东
　　　　　马发展　　杨延全　　温书杰　　贾　闯　　屈晓飞　　马洪鹏
　　　　　黔利兴　　孙　博　　何　磊　　曹　帅　　曹中宝　　常渊博
　　　　　董保南　　潘乐园　　陈延平　　张书明　　刘俊杰　　吴志强
　　　　　黄卫华　　姚南坊（女）孟洛川（女）张田田（女）
　　　　　程玉凯（女）
摄　　影：苏文胜　　陈现红（女）

中国·少林鹅坡教育集团

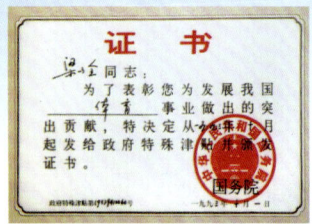

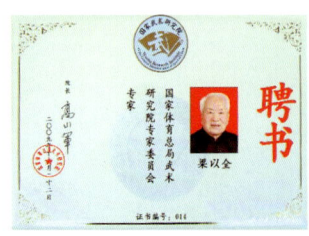

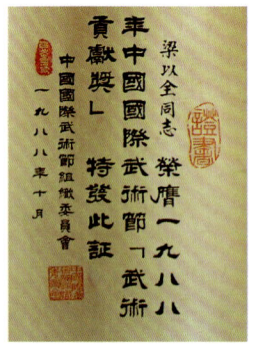
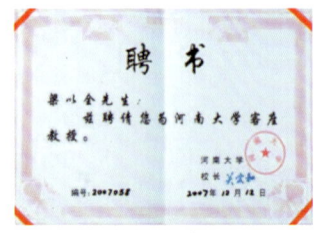

梁以全，法名素一，河南省登封市骆驼崖村人。1931年出生于习武世家，幼承祖训，刻苦好学，坚韧执着，博采众长。精研少林正宗拳械、技击、擒拿、阴阳劲等各种功法，长年练功不辍。为人谦和，乐善好施，已捐善款数百万元资助乡里。

他习武修德，为中华武术少林流派代表人物。是国家高级武术教练、中国武术九段、中国当代"十大武术名师"、全国离退休老干部先进个人、全国健康老人、河南省非物质文化遗产传承人，享受国务院特殊津贴。中华人民共和国成立后，他创办了第一所专业武术学校，率先将少林武术带出国门，出访过36个国家和地区，表演、交流、讲学、教授中华少林武术，授武于中外弟子数万名。

他笔耕不辍，已出版《嵩山少林拳法》《嵩山少林拳法歌诀集锦》《少林武术研究》等武术专著，在国内外报刊发表过29篇武术专业学术文章，授武育人。他创办了少林鹅坡教育集团，目前在校师生8000余人。该校学生参加国际、国家、省、市武术大赛，荣获奖牌5679枚，考入北京体育大学、上海体育学院、武汉体育学院、天津体育学院、河南大学、郑州大学、洛阳师范学院等高等院校学生2000余名。

他历任登封蔡沟乡中心学校校长、登封市体校校长、河南省武术馆副馆长、登封少林寺武术馆副馆长兼总教练、少林拳法研究会主席。现任国家体育总局武术研究院专家委员会专家、河南省武术协会副主席、少林武协名誉主席、北京体育大学名誉顾问、河南大学客座教授等职。

他曾多次受到党和国家领导人乔石、李德生、许世友等领导同志的亲切接见。

　　梁以全的三爷爷梁学庠,是梁家另一位奇人,虽自幼习练家传武功,但因家穷却未能读书。他十八岁开始学文,后居然中了黉门秀才。他文武兼备,又开设私塾,门人弟子颇多。梁以全自幼得其亲传,后成为一代儒雅武师,不但武功高强,而且能著书立说,这与他幼时所受的教育是分不开的。

　　梁学庠亲书并手绘插图本武术典籍《易筋经》,至今在梁家珍藏着。

这张珍贵照片中的二位长者,便是梁以全的父母亲。父梁兴绍,幼名海水。海水为人谦和,广交武林朋友,与少林寺妙兴法师和妙聚法师交往颇深。弟子达千余众。1928年被冯玉祥部聘为武术教官。

1963年,参加河南省武术比赛,他以82岁高龄荣获"技艺精湛奖"。

少林宗師名震天下
武術大家氣壯山河

梁以全少林一代宗師

乙酉年夏 楊青 書

登封少林鹅坡武术专修院　启功

武术世家

以鑫先生正腕　启源

以武育人 以人全书

致少林鹤坡武术专修院师生

習武學文修能
去為民族復興

徐才
乙酉年秋

贈以金言
一心大孝家家師
事世四日十天
甲申之冬 張耀廷

登封市鵝坡少林武术专修院

少林真傳

蔡龍雲

赵鹄坡武院

崇德尚武 文武兼修

此書體～書大鵬教授門宗泰平ルゆ
庚巳年秋月

少林鹅坡武术专修院正门

少林鹅坡武术专修院西门

梁氏少林達摩杖圖譜

高山學藝數十載　老師教我如意拐
往上打日月二起　往下打逆水倒流
往前打白虎登山　往後打烏龍擺尾
往左打虎豹難躲　往右打鷹鵝難飛
青年學之是武藝　老年學之當馬騎

公元二零零六年秋　梁以全題

嵩山少林拳法 一

少林·鹅坡武术专修院系列教材

梁少飞 主编

河南大学出版社
HENAN UNIVERSITY PRESS
·郑州·

图书在版编目（CIP）数据

嵩山少林拳法.1/梁少飞主编.—郑州：河南大学出版社，2017.9
（2020.9重印）
 ISBN 978-7-5649-3006-6

Ⅰ.①嵩… Ⅱ.①梁… Ⅲ.①少林拳－教材 Ⅳ.①G852.15

中国版本图书馆CIP数据核字（2017）第229619号

责任编辑	柳　涛　李　慧
责任校对	朱春华
封面设计	徐　刚

出　　版	河南大学出版社
	地址：郑州市郑东新区商务外环中华大厦2401号　邮编：450046
	电话：0371-86059750（高等教育与职业教育分社）
	电话：0371-86059701（营销部）　　网址：hupress.henu.edu.cn
排　　版	郑州市今日文教印制有限公司
印　　刷	河南文华印务有限公司
版　　次	2017年9月第1版　　印　次　2020年9月第3次印刷
开　　本	787mm×1092mm　1/16　　印　张　11.25
字　　数	190千字　　插　页　9
定　　价	60.00元

（本书如有印装质量问题，请与河南大学出版社营销部联系调换）

前　言

　　驰名中外的少林武术以其悠久的历史、精湛的技艺、丰富的文化内涵而成为中华武术百花园中一枝璀璨的奇葩。

　　对中国乃至世界武术的发展产生过重大影响的少林武术，因近代军阀混战，少林寺不幸焚于兵火，大量珍贵的资料几乎丧失殆尽。新中国成立后，特别是在改革开放以来，在各级政府的正确领导及社会各界的大力支持下，少林武术又一次焕发出了勃勃生机。近年来，为了培养更多的少林武术后备人才，同时满足广大武术爱好者的需求，我们编写了一套科学、系统的少林武术专业教材，已付梓于世，同时，这也了却了家父梁以全先生一向的夙愿。

　　家父是一位以经史为宗的传道解惑者，更是武功精湛的梁氏拳法第十六代传人。他从20世纪70年代就开始整理家传的武术资料。首先从梁氏武术流派的传承中，通过口传耳闻，翔证珍取；再从残碑断章中条分缕析，数十年如一日，于1982年正式出版了《嵩山少林拳法》，并赢得了少林武术界的一致好评。

　　梁氏家族世代习武尚文，传承少林武术已有700余年的历史。家父秉承祖训，习以教事，长期致力于武术教育和武术人才的培养。他于1978年创立了登封县（今登封市）体委武术队，1981年创办登封县少林武术体校。其后公派到少林寺地区，筹建嵩山少林寺武术馆，任总教练、业务副馆长。在此基础上与北京体育学院（现北京体育大学）创办北京体育学院少林武术专修院。家父60岁又奉命调回登封县体委，创办登封县体委少林武术训练中心。1995年，退休的家父在登封市中岳大街西段创办了少林武术专修院。1997年登封少林武术专修院搬迁到登封市大禹路西段鹅坡岭，改校名为登封市少林鹅坡武术中等专业学校。他为少林武术发展所作出的突出贡献得到了国家和社会各界的广泛认可。家父享受国务院特殊津贴，是国家体育总局武术研究院专家委员会专家，是中国武术九段、武术高级教练。被评为中国当代十大武术名师，国家离退休老干部先进个人，中华武术30年最具影响力人物。还被河南大学等多所高校聘为客座教授。

《嵩山少林拳法》（少林鹅坡武术中等专业学校系列教材）在编写过程中，遵照家父的意见，参阅了《梁氏祖传少林拳谱》《嵩山少林拳法》《少林拳法总讲册集》《体育学院通用教材·武术》以及其它武术论著，并结合多年教学的实际，对原教材进行了升级改版。本套教材共分五册，融少林武术理论与少林武术技术教学为一体。理论方面阐述了少林武术的源流、风格和特点，技术方面展示了少林武术功法、少林拳术与少林器械、少林搏击与摔跤等内容。本套教材内容丰富、图文并茂。既具有系统性与知识性，又具有时代性和可读性。不仅适用于各类武术馆校的武术教学，还为当前的"武术进校园"提供了一套系统而又翔实的少林武术教材。

少林武术源远流长、博大精深，远非一套教材所能涵盖。希望这套教材的出版能对广大少林武术爱好者与研习者起到抛砖引玉的作用。如有不当或错误之处，恳请大家批评指正，以便再版时修订和完善。

编　者

2016年12月1日

目 录

第一章　少林武术概述……………………………………………… 001

第二章　基本功……………………………………………………… 007

　　第一节　基本手型 ……………………………………………… 007

　　第二节　基本步型和步法 ……………………………………… 018

　　第三节　准备活动 ……………………………………………… 029

　　第四节　基本功训练 …………………………………………… 034

　　第五节　跌扑滚翻 ……………………………………………… 061

第三章　少林武术操………………………………………………… 067

　　第一节　手型变换（2×8拍）………………………………… 067

　　第二节　罗汉眉（2×8拍）…………………………………… 068

　　第三节　乌龙盘柱（2×8拍）………………………………… 069

　　第四节　迎面腿（2×8拍）…………………………………… 070

　　第五节　飞脚望月（2×8拍）………………………………… 071

　　第六节　马步单鞭（2×8拍）………………………………… 073

　　第七节　跨虎登山（2×8拍）………………………………… 074

　　第八节　单飞燕（2×8拍）…………………………………… 075

第四章　小洪拳……………………………………………………… 079

第五章　通背拳……………………………………………………… 089

第六章　大洪拳……………………………………………………… 101

第七章　梅花拳……………………………………………………… 125

第八章　长护心意门………………………………………………… 143

第一章 少林武术概述

一、少林武术的渊源

古时候人兽同居。人，飞不如禽，走不如兽。禽兽以爪牙扑人，人以智技制服禽兽。《汉书》云：齐民技击强。荀子云：齐人隆技击。这说明我国很早就有了技击术。北魏孝明帝孝昌三年（公元527年），印度僧人菩提达摩来到中国河南嵩山少林寺，创立佛教禅宗。他不主张用文字传教，而采用"壁观"的办法，静坐修心。他在嵩山五乳峰上的一个天然石洞（原名蚩尤洞，今名达摩洞）中，面壁九年，"寂坐参悟"。由于长期静坐，精神和肉体都不免困倦，而且身居深山密林之中，经常受到毒蛇猛兽的威胁，他便根据山林中虎跃、猴攀、鸟飞、虫爬等动作，并效法我国劳动人民生产和锻炼身体的各种方式，初创了简单的肢体动作，作为健体护身术来研究和练习。有时也随手练练农具、手杖、棍棒等器械。遇到野兽侵袭时，便与之搏斗，这便是达摩铲、达摩杖、少林棍等器械名称的由来。达摩初创的这些简单动作，称不上什么拳术，仅是开创了少林寺僧众健身、防身、养生之先河。

二、少林武术的形成与发展

在历史的长河中，历代僧众依照我国民间流传的健身技击术，吸纳众家拳术之长，兼收并蓄，融会贯通，通过长期演练、创新和总结，使少林武术得以形成和发展。特别是在隋末唐初，隋将王世充盘踞洛阳称王，与唐高祖对抗，直接阻碍了唐王朝的统一。唐高祖李渊带兵征伐失利，其子李世民被掳入洛阳。高祖书约少林寺僧助战。寺僧应诏参战，击败王世充，生擒他的侄子王仁则于柏谷庄。僧兵中立功者13人，其中昙宗和尚被封为大将军。李世民继位后，赠寺田40顷，盖殿宇僧房2000余间，使寺院面积扩大到540亩，僧众达2000余人，并允许寺内建立兵营，训练僧兵。少林寺达到了极盛时期，被誉为"天下第一名刹"。

少林寺养僧兵后，僧众习武就直接与实战联系起来了，这为少林武术的发展，提供了非常有利的条件。为了提高实战能力，寺僧们不仅练拳术、器械，

而且加强了实战技能和马步战术的演练，还经常邀请各地武术名家入寺切磋传艺。如宋朝，曾先后吸纳了宋太祖赵匡胤的太祖长拳、韩通的通背拳、马藉的短打等十八家拳法的精华，汇成拳谱，流传后世。又如金元时期的觉远和尚，出家到少林寺后，感到寺内武艺不佳，便携资西出，访师于陕西及甘肃兰州，聘请名师李叟、白玉锋入寺传授武艺。李叟传大洪拳、小洪拳、擒拿术，白玉锋传气功及龙拳、虎拳、豹拳、蛇拳、鹤拳等。再如明代抗倭名将俞大猷，曾入寺传授临阵实用的棍术。同时，少林武术交流活动的开展，使其在全国各地广为流传。少林武术与诸家流派取长补短，互相交流促进。经过历代演练和总结，少林武术的内容逐渐丰富起来，少林寺即成为全国会武之地，支脉繁茂，驰名中外。

另一说法是，少林武术并非始于达摩，而是首创于跋陀的两个弟子慧光和僧稠。跋陀是印度僧人，于北魏孝文帝太和十九年（公元495年）来中国传教，比达摩早来32年。孝文帝尊崇佛事，为跋陀建少林寺。跋陀喜爱中国武术，收了两个弟子，一个叫慧光，一个叫僧稠，他们二人均是练武的能手。慧光身子轻灵，能在桥栏杆上踢毽子。僧稠刚出家时，身体虚弱，常受师兄弟们的戏弄，便决心发奋练武以自强，后来竟练就了一身好功夫。传说，僧稠曾挥杖赶走在少林寺山门前争斗的两只猛虎。

以上两种说法何者为准，尚需作进一步考证。

三、少林武术的特点与作用

少林武术之所以能够千年传承，受人敬仰，除受一些神话传奇故事的影响外，主要还是因为它的功夫过硬、风格独特、立足于实战。它的套路结构严谨，动作朴实刚健，攻防严密，招式多变，力量的运用灵活而富有弹性，着眼于实用，不练花架子，具有很强的自卫能力。少林寺白衣殿的南北山墙上，各有一幅寺僧练武的壁画，称为"捶谱"，是清代道光年间（公元1821～1851年）绘制的。这幅壁画画的是六合拳对练和各种器械对练，生动地记述了当时寺僧练武的情景，也突出了少林武术手、眼、身法、步的特点和攻防含义。千佛殿内练功的脚窝，就是寺僧们一代复一代刻苦练功的见证。在演练套路的形式上，少林武术有拳打"卧牛之地"之说。这说明少林武术在演练时不受场地大小的限制。即使在实战中，也能充分利用地形狭小的不利，发挥出它的威力。"拳打一条线"

也是少林武术的一个鲜明特点。在演练时，它的各种套路演练、动作起落进退，均在一条线上，这是根据实战的需要而设计的。例如，身法八要中要求起、落、进、退、反、侧、收、纵都在一条线上运动。手、眼、身法、步的要求是：身以滚而起，手以滚而出，手法滚出滚入，手臂曲而不曲，直而不直，运用自如，取南北派之长，练时非长不能达气，对搏时非短不能自顾；眼法注目为鹄，以审敌势；身法起横落顺，着重掌握重心，不失平衡；步法进低退高，轻灵稳固，抬腿踢脚，轻如惊鸿，重如泰山。步法注重自然，不强求大弓大马步形。在使用的方法上，少林武术要求内静外猛，即所谓"守之如处女，放之如猛虎"。少林武术的技法常声东击西，指上打下，佯攻而实退，佯退而实进，虚虚实实，刚柔相济，并善于借人之力，顺人之势，制人之身，不与来势顶撞，善用四两拨千斤之势，以智胜蛮。人们又以秀如猫、抖如虎、行如龙、动如闪、声如雷来形容它的变化多端。少林武术在动静、呼吸、运气、用气方面，也有自己的特点。拳诀讲：拳打十分力，力从气中出；运气贵于缓，用气贵于急，缓急神其术，尽在一呼吸。少林武术六合讲，肩与胯、肘与膝、手与足的外三合和心与意、意与气、气与力的内三合之法。内外形成一体，用鼻呼吸，集中劲力，必要时用嘴发出吼声，以震敌胆，克敌制胜。

四、少林武术的历史功绩与历代政府的关系

由于少林武术实战意义强，功夫过硬，历代均有名武僧出现。如前面曾提到的少林和尚昙宗等13人，因救驾有功，留下了"十三和尚救秦王"的佳话（少林寺白衣殿后墙北端有壁画可考）。又如元朝福裕和尚，曾为河南九州岛提督，因保国有功，死后追封为晋国公，少林寺现有碑刻可考。明代程冲斗著《少林棍法禅宗》一书中，曾言及少林棍法源出于"紧那罗王"。少林寺白衣殿后墙南端，有紧那罗王御"红巾军"的大幅壁画。明代诗人也曾以"威镇少室三千里，能抗外患百万兵"的诗句来赞扬他。明代中叶，我国东南沿海一带，经常受到倭寇的侵扰。倭寇劫夺财物，屠杀沿海居民，掳掠人口，给中国沿海地区带来的痛苦和灾难罄竹难书。歼灭倭寇、抗击侵略者是当时人民的迫切要求。嘉靖年间（公元 1522～1567），两广总督上书皇帝，要求少林寺僧参与扫平倭寇。少林寺月空和尚，奉命带领40多个武艺高强的僧人，组成了一支僧兵队，开赴松江一带抵御倭寇。在战斗中，他们英勇顽强，奋不顾身，每战必捷，以

金戈铁棒击杀多股倭寇，而他们也血洒疆场壮烈牺牲。皇帝为纪念他们的功绩，在福建建立了少林寺下院（即现在的南少林寺）。同时代的小山和尚是少林寺正宗第二十四代传人，武艺超群，智勇兼备，曾三次挂帅征边，屡立战功。皇帝为他在少林寺山门前立石狮子和旗杆，以嘉其功。明天启五年（公元1625年）春立的《少林观武碑》（此碑在寺内碑林），曾有诗文记载：

    暂憩招提试武僧，金戈铁棒技层层。

    刚强胜有降魔力，习惯轻挟搏虎能。

    定乱策勋真正果，保邦靖世即传灯。

    中天缓急无劳虑，中义毗卢演大乘。

  少林寺僧不仅历代习武功、佐王室，更重要的是尊崇佛法、传授佛教禅宗。这样虽得到一些统治者的支持，但也遭到一些统治者的反对与摧残。据历史记载，少林寺曾几次遭受火焚与废弃。如南北朝北周建德五年（公元576年），当时因信奉佛教的徒众几乎占了农民的一半，生产受到很大的影响，周武帝宇文邕便采纳了元嵩"定教先后"的建议，下令禁止佛、道二教流传，遣返僧、道、尼姑回家生产。当时少林寺的和尚也星散返家，寺院废弃。元顺帝时，国内的名刹大寺，几乎焚毁殆尽，少林寺也被毁大半。明太祖朱元璋在建立明朝的过程中，因得到少林寺僧的帮助，即皇帝位后，给予寺僧很多方便，使少林寺又得到了一定的恢复和发展。清军入关后，清政府对少林寺僧严加管束，住持僧需由京中派遣，如发现寺僧和周边群众有习拳技者，令地方官府抓捕镇压。据说清道光八年（公元1828年），清朝大员麟庆代替巡抚祭祀中岳。他住在少林寺，想看一看寺僧们的拳法。因当时清朝统治者严禁习武，所以寺僧们在麟庆面前"讳言不解"，不敢承认他们练武。后来，还是麟庆对寺僧们说，少林拳勇自昔有闻……只在谨守清规，保护名山，不必打诳语。寺僧们这才敢在殿前表演拳术。麟庆观后，佩服少林拳法矫捷罕见，与世俗不同。另有一种说法，清雍正皇帝爱武事，来少林寺想看练拳，寺僧们说："无旨不敢练。"皇上下令演练，观后赞赏有加，并画"拳谱"于寺。这些充分反映出了清代统治者对少林武术发展和传承的限制。到了民国十七年（公元1928年），军阀混战。军阀樊钟秀盘踞少林寺。军阀石友三于当年3月15日从辕辕关攻克少林后，发现樊钟秀和寺僧早已逃跑，为泄怒放火烧寺。这是继隋大业年间（公元605～617年）、清康熙年间（公元1662～1723年）之后少林寺遭受的第三次大火灾，也是最

严重的一次。熊熊大火延烧40余日。寺内的许多建筑和文物古迹，如天王殿、大雄宝殿、藏经阁、钟鼓二楼，以及古柏、经卷、寺志、拳谱等俱成灰烬。这场浩劫使国家文物蒙受了巨大损失，也给今天研究少林武术的发展史造成了难以克服的困难。

第二章　基本功

第一节　基本手型

手型有拳、掌、勾、指四种。手型手法练习是运用拳、掌、勾、指四种基本手型，结合上肢冲、架、推、亮等运动方法，操练上肢手型的基本方法。

一、手型的基本变化

1. 拳

动作步骤：四指并拢卷握，拇指紧扣于食指和中指的第二关节背面（图1、图2）。

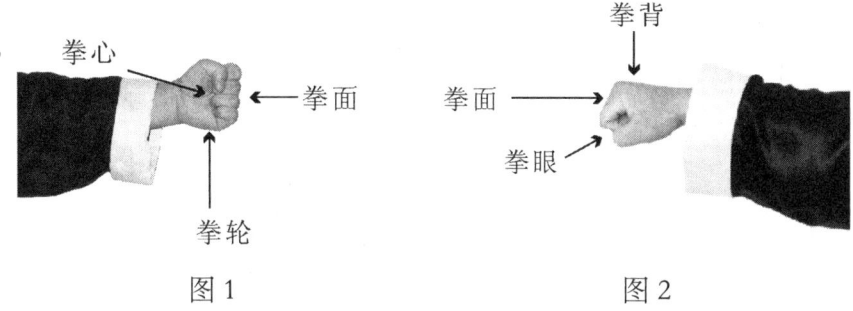

图1　　　　　　　　　　　图2

2. 掌

动作步骤：四指并拢伸直，拇指弯曲紧扣于食指根节处，掌尖向上（图3、图4）。

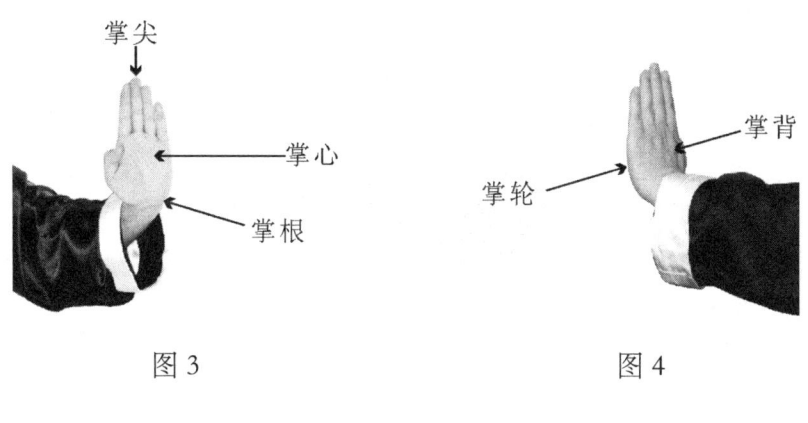

图3　　　　　　　　　　　图4

3. 勾手

动作步骤：五指第一指节捏拢在一起，向下屈腕成勾（图5）。

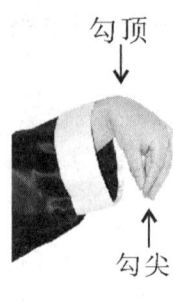

图 5

4. 剑指

动作步骤：食指、中指并拢伸直，无名指、小指并拢握紧，拇指扣于无名指和小指第一关节处（图6）。

图 6

二、拳型

1. 立拳

动作步骤：四指并拢卷握，拇指紧扣于食指和中指的第二关节处，拳眼向上，立腕（图7）。

图 7

2. 平拳

动作步骤：四指并拢卷握，拇指紧扣于食指和中指的第二关节背面，拳心向下，拳面平，直腕（图8）。

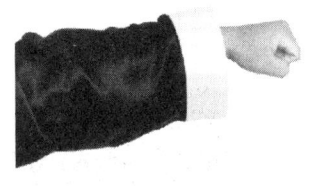

图8

3. 钻拳

动作步骤：食指卷握成钻拳，其余手指并拢卷握，拇指紧扣顶于食指第一关节处，突出食指尖（图9）。

正面　　　　　　　　　　侧面

图9

4. 楞拳

动作步骤：四指并拢卷握成楞拳，拇指紧扣顶于食指和中指的第一关节处（图10）。

图10

三、拳法

1. 冲拳

动作步骤：拳从腰间内旋臂向前快速冲出，力达拳面。侧冲、上冲、下冲要求相同，唯方向不同（图11）。

图 11

2. 劈拳

动作步骤：拳自上向下快速劈击，力达拳轮（图12）。

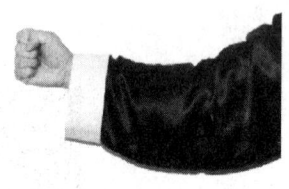

图 12

3. 贯拳

动作步骤：拳从侧方向斜前方划弧形横击，臂微屈，拳心向下，力达拳面（图13）。

图 13

4. 撩拳

动作步骤：拳自下向前上方成弧形撩击，力达拳面（图14）。

图 14

5. 栽拳

动作步骤：臂由屈到伸，拳自上向前下方栽击，力达拳食指（图15）。

图 15

四、掌型

1. 柳叶掌

动作步骤：四指并拢伸直，拇指扣于食指根节处，立腕（图16）。

图 16

2. 瓦楞掌

动作步骤：五指自然张开，掌心内凹微旋，拇指、小指与无名指向掌心微合拢，如瓦楞形（图17）。

图 17

3. 龙爪掌

动作步骤：拇指、食指、中指第一、第二关节内扣，无名指、小指皆屈指向掌心靠拢（图18）。

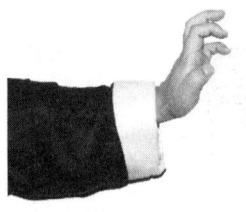 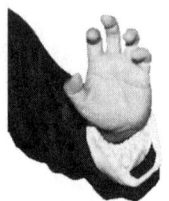

侧面　　　　　　　　正面

图 18

4. 虎爪掌

动作步骤：五指分开，五指第一、二关节向掌心用力内扣（图19、图20）。

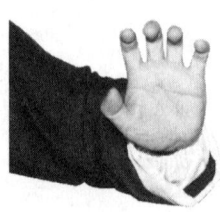 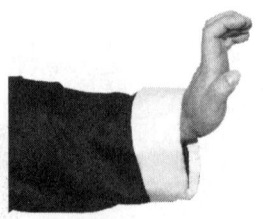

图 19　　　　　　　　图 20

5. 鹰爪

动作步骤：拇指、食指、中指微伸，第一、第二关节均内扣，无名指、小指屈指贴向掌心（图21、图22）。

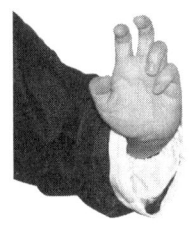 

图21　　　　　　　　图22

6. 螳螂手

动作步骤：掌心内凹，拇指向食指、第三关节处靠拢，中指自然伸直，无名指、小指向掌心合拢（图23）。

图23

7. 锁喉手

动作步骤：拇指、食指两指微伸，第一、第二关节内扣，中指、无名指、小指内扣于掌心（图24）。

图24

8. 蛇形手

动作步骤：屈腕，四指并拢，拇指扣于食指根节处，掌心向下，力达掌尖（图25）。

图25

9. 刁手

动作步骤：拇指紧贴于食指根节处，中指、无名指、小指皆向掌根处回扣，形成刁手（图26～28）。

刁手　　　　　　阳刁手　　　　　　阴刁手

图26　　　　　　图27　　　　　　图28

10. 鹤手

动作步骤：五指的第一指节捏拢在一起，五指尖向前（图29）。

图29

五、手法

1. 抢手

动作步骤：四指并拢，拇指扣于食指根节处，从腰间向前上方快速击出，力达掌尖（图30）。

图30

2. 扳手

动作步骤：四指并拢，拇指扣于食指根节处，从腰间向前上方快速反背击出，力达掌背。（扳手分为两种：①横扳手：掌心向内，手指横向。②立扳手：掌心向内，手指向上。）（图31、图32）。

正面　　　　　　侧面

图31　　　　　　　　　　　图32

3. 砍掌

动作步骤：四指并拢，拇指扣于食指根节处，向斜下方砍掌，力达掌外沿（图33）。

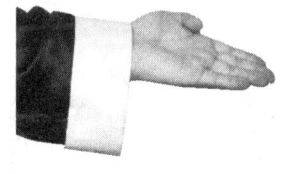

图33

4. 按掌

动作步骤：自上向下按，手心向斜下方，力达掌根（图34）。

图 34

5. 挑掌

动作步骤：手由下向上立掌上挑，沉腕，力达四指（图35、图36）。

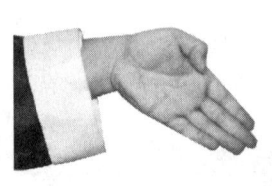 

图 35　　　　　　　　　图 36

6. 撩阴手

动作步骤：五指自然张开由下向上内旋，掌心向上，手和前臂向上方撩出（图37、图38）。

图 37　　　　　　　　　图 38

7. 插掌

动作步骤：四指并拢，拇指扣于食指根节处，臂由屈到伸，直腕向前或斜下方插掌（图39）。

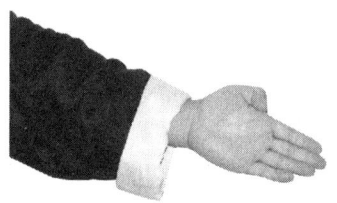

图 39

8. 劈掌

动作步骤：四指并拢，拇指扣于食指根节处，由上向下侧掌劈击（图40）。

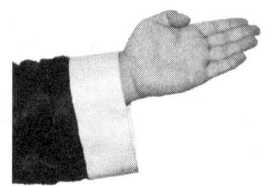

图 40

9. 滚手

动作步骤：五指自然张开，同时手掌和前臂向内旋转180°后，在向外（往回）旋转180°推出。掌心向内，无名指与小指向心内扣（图41、图42）。

图 41　　　　　　　图 42

第二节　基本步型和步法

一、步型

步型和步法练习主要是为了增进腿部的速度和力量，提高两腿移动转换的灵活性和稳固性。

1. 弓步

动作步骤：左脚向前上步，脚尖微内扣，前腿屈膝下蹲，大腿接近水平，膝与脚尖垂直，右腿挺膝伸直，合胯立腰，两脚十脚趾抓地，全脚掌着地，两臂屈肘抱拳于腰间，拳心向上，目视前方（图1）。（注：左弓步）

图1

2. 马步

动作步骤：两脚平行开立，间距二脚半或三脚的长度，两脚尖向正前方，脚跟外蹬，全脚掌着地；两腿屈膝下蹲，两大腿成水平状，两膝微扣，膝关节与脚尖垂直，重心落于两腿之间，挺胸，抬头，塌腰，目视右前方（图2）。

图 2

3. 马步之四六步

动作步骤：两脚平行开立，间距二脚半或三脚的长度，右脚脚尖正对前方，左脚脚尖向左斜前方；两腿屈膝半蹲，全脚掌着地，两大腿成水平状，重心六分落于右腿，挺胸抬头，屈肘，两拳抱于腰间，目视左前方（图3）。

图 3

4. 马步之三七步

动作步骤：两脚平行开立，间距二脚半或三脚的长度，右脚脚尖正对前方，左脚脚尖向左斜前方；两腿屈膝半蹲，全脚掌着地，右腿成水平状，重心七分落于右腿，挺胸抬头，屈肘，两拳抱于腰间，目视左前方（图4）。

图 4

5. 仆步

动作步骤：右腿屈膝下蹲，臀部下落，接近小腿，左腿向左前方平伸，左脚尖内扣，身体略向前倾，左脚脚掌扒地，目视左前方（图5）。（注：左仆步）

图 5

6. 虚步

动作步骤：两脚前后开立，右脚外展45°，全脚掌着地，右腿屈膝下蹲成大腿水平，左脚向前方伸，脚后跟离地，脚尖虚点地面，脚面绷直，重心七分落于后腿上，左手向前推掌，右手至身体右后侧做勾手，目视前方（图6）。（注：左虚步）

图 6

7. 高虚步

动作步骤：两脚前后开立，右脚全脚掌着地，左脚在前，脚跟提起离地，脚面绷紧，脚尖虚点地面，重心落于后腿上；左手向后做勾手，右手从腰间向前推掌，目视前方（图7）。（注：左高虚步）

图 7

8. 歇步

动作步骤：左脚在前，右脚在后，两腿交叉靠拢全蹲，左脚全脚掌着地，脚尖外展，右脚前脚掌着地，膝部靠于前小腿外侧，臀部坐于右脚跟处。左手握拳抱于腰间，右手向前做冲拳，目视前方（图8）。（注：右歇步）

图 8

9. 跪步

动作步骤：左脚向前迈步，两腿屈膝下蹲，左腿成90°夹角，右腿膝关节触地，脚后跟离地，目视前方（图9）。（注：左跪步）

图 9

10. 插步

动作步骤：抱拳立正，重心左移，右脚提起，经左脚后向左侧横插一步，前脚掌着地，两腿交叉，目视左前方（图10～12）。（注：右插步）

图 10　　　　　图 11　　　　　图 12

11. 盖步

动作步骤：两脚并拢站立，两手抱拳放于腰间，右脚向左脚左前方迈步，重心在右腿上，左脚脚跟离地，同时向左摆头，目视左前方（图13）。（注：右盖步）

图 13

12. 偷步

动作步骤：抱拳立正，右腿屈膝提起，经左腿后方向左侧落步，前脚掌着地，脚跟提起。两腿微屈，重心偏向左腿，目视左前方（图14～16）。（注：右偷步）

图 14　　　　　　图 15　　　　　　图 16

13. 丁字步

动作步骤：两腿并步站立，两脚紧靠，其中一脚尖点地紧靠在另一脚窝处，屈膝下蹲成"丁"字型，目视右前方（左脚尖点地称"左丁字步"，右脚尖点地称"右丁字步"。）（图17）。

图 17

14. 七星步

动作步骤：两腿并拢，右脚向前上半脚距离，两腿屈膝半蹲，大腿成水平。两手变瓦楞掌，右臂下垂，右手护在右膝上方，左手臂屈肘置于胸前，目视前方（图18）。（注：右七星步）

图 18

15. 麒龙步

动作步骤：两手抱拳于腰间，左腿向前迈进一步，两脚间的距离约两脚长，两腿屈膝下蹲，左腿成90°夹角，右膝接近地面（不得贴地），目视前方（图19）。（注：左麒龙步）

图 19

16. 实步

动作步骤：两腿并拢，左脚跟紧靠在右脚窝处，两腿屈膝半蹲，大腿成水平。两手抱拳，两臂屈肘，左手在前，右手在后放于左臂弯处，目视前方（图20）。（注：左实步）

图20

二、步法

1. 弧形步

预备姿势：两脚前后开步站立，左手贴于后腰，右手翻掌架于头顶，目视前方（图21）。

动作步骤：两腿略屈，两脚迅速、连续向侧前方行步。每步大小略比肩宽，走弧形路线。目视前方（图22～24）。

要求：挺胸，塌腰，保持半蹲姿势，身体重心要平稳，不要有起伏现象。落地时，由脚跟迅速过渡到全脚掌，并注意转腰。（注：练习时路线可改为"S"形）

图21　　　　图22　　　　图23　　　　图24

2. 三跳步

预备姿势：右手掌置于腰间。左脚在前，脚尖虚点地面。左手置于体前，目视前方（图25）。

动作步骤：左脚向前上步蹬地，右腿随即抬起前跳，然后左脚前落成高虚步姿势，重心在右腿上。目视正前方（图26～28）。（注：练习时左右腿交替进行）

要求：上体前倾，起腿速度要快，落地要稳。

图25　　　　图26　　　　图27　　　　图28

3. 击步

预备姿势：两脚前后开立，两手叉腰，目视前方（图29）。

动作步骤：前脚上步向前蹬地跳起，在空中时后脚向前碰击前脚。落地时，后脚先落，前脚后落。目视前方（图30、图31）。

要求：跳起于空中时，上体要保持正直，微向右侧斜。

图29　　　　图30　　　　图31

4. 跟步

预备姿势：两腿前后开步站立，左脚在前，右脚在后，两手叉腰，目视前方（图32）。

动作步骤：两手叉腰，左脚向前迈一步。当左脚掌落地的同时，右脚向左脚靠拢，随即左脚落于右脚正前方，目视前方（图33、图34）。（注：练习时左右跟步交替进行）

要求：跟步时，重心平稳移动，头上领。

图32　　　　　　　图33　　　　　　　图34

5. 弹子步

预备姿势：两脚前后开步，前腿弯曲，两手叉腰，目视前方（图35）。

动作步骤：左脚在前，成前后开立步，两腿微屈下蹲，重心移向左脚，身体重心前移，右脚前脚掌向后上方用力擦地撩起。随后右腿自然向前落步，身体重心继续前移至右腿，同时左脚向后上方用力擦地撩起，继续前行，目视前方（图36、图37）。（注：练习时左右腿交替进行）

要求：行走时，重心平稳移动，撩起时要使大、小腿折叠，脚尖绷直。

图35　　　　　　　图36　　　　　　　图37

6. 换跳步

预备姿势：两脚前后开步站立，两手叉腰，目视前方（图38）。

动作步骤：重心前移，同时两腿屈膝下蹲蹬地跳起，身体腾空时两腿交换位置，下落成前后开立步，目视前方（图39、图40）。

要求：换跳步的起跳和落地要协调、轻灵。

图38　　　　　　　　图39　　　　　　　　图40

第三节　准备活动

1. 颈部运动

两脚开立，两手叉腰，以颈部为轴，由左向右（或由右向左）转动，幅度要大，也可前后左右方向转动（图1～5）。

图1　　　图2　　　图3　　　图4　　　图5

2. 手腕及踝关节运动

两脚开立，两手五指张开，相对交叉扣拢，以两手腕及踝关节为轴，依次由内向外（或由外向内）转动，腕、踝关节完全放松（图6、图7）。

图6　　　　　　　　图7

3. 肘关节运动

两脚开立，双臂左右抬起与肩平行，双臂以肘关节为轴由内向外（或由外向内）划立圆，双臂紧贴大臂内侧（图8～10）。

图8　　　　　　　图9　　　　　　　图10

4．肩关节运动

两脚开立，两臂弯曲，两手自然置于两肩上，同时以肩关节为轴两臂向后至前（或由前至后）绕环（图11～13）。

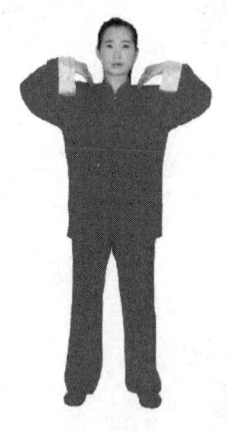  

图11　　　　　　　图12　　　　　　　图13

5．扩胸运动

两脚开立，两臂屈肘抬起，同时平行向后摆动。也可左臂在上，右臂在下，或反方向摆动（图14、图15）。

图14　　　　　　　图15

6. 单臂绕环

左弓步姿势，左手抱拳于腰间，右手以肩关节为轴从身体右侧绕环一周。右弓步反之（图16～18）。

图16　　　　　　　图17　　　　　　　图18

7. 双臂绕环

两脚开立，两臂上举，以肩为轴反方向前后绕环，两臂紧贴身体两侧和耳旁（图19～22）。

图19　　　　　图20　　　　　图21　　　　　图22

8. 腰部运动

两脚开立，两臂屈肘平举，身体保持正直，以腰为轴由左向右（或由右向左）转动（图23～25）。

图23　　　　　图24　　　　　图25

9. 髋关节运动

两脚开立，两手叉腰，以胯为轴由左向右（或由右向左）转动，幅度要大（图 26～28）。

图 26　　　　　图 27　　　　　图 28

10. 膝关节运动

两脚并步站立，两腿屈膝下蹲，同时两手按在膝盖处，保持半蹲姿势不变；两腿以膝关节为轴由左向右（或由右向左）转动，也可由内向外（由外向内）转动（图 29～32）。

   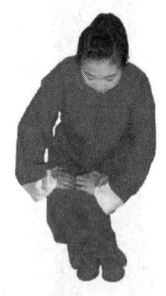

图 29　　　　图 30　　　　图 31　　　　图 32

11. 弓步压腿

立正姿势站立，左脚向前跨出，左腿屈膝成左弓步，右脚尖点地，上身挺直。前手放于前腿膝盖上，后手放于胯部，向下震压，右膝挺直（图33、图34）。（注：身体右转成右弓步，动作同上）

图 33　　　　　　　　　图 34

12. 仆步压腿

立正姿势站立，左脚向左跨出，右腿屈膝下蹲成左仆步，右手经右膝内侧抓住右脚面，左臂前伸，左手抓住左脚面，上身挺直贴向前腿，同时向下震压（图35、图36）。（注：身体左移成右仆步，动作同上）

图 35

图 36

13. 牵拉股二头肌

右腿向后折叠，坐在地毯上，左腿伸直，两手抱脚，使头部紧贴于大腿上，使股二头肌得到充分伸拉（图37～39）。

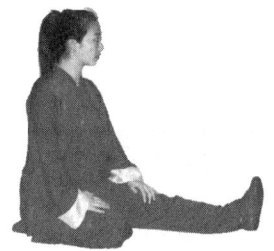
图 37

图 38

图 39

14. 牵拉股四头肌

身体仰卧在地毯上，两手自然张开放置于身体两侧，同时右腿屈膝向后折叠，使股四头肌得到充分伸拉。此牵拉也可练习坐盘动作来辅助（图40、图41）。

图 40

图 41

第四节　基本功训练

一、压腿

压腿主要是拉长腿部的肌肉和韧带，加大髋关节的活动范围，发展腿部力量，提高下肢运动的敏捷、松长、转环等能力。

1. 正压腿

预备姿势：两脚并步站立，两手自然下垂，目视前方（图1）。

动作步骤：右腿支撑，左脚向前半步，右腿弯屈下蹲，左腿绷直，两手抱脚两侧，身体前俯，额头尽量触碰左脚脚尖（图2、图3）。（注：练习中左右腿交换进行）

图1

图2

图3

2. 侧压腿

预备姿势：两脚并步站立，两拳抱于腰间，目视前方（图4）。

动作步骤：左腿弯曲下蹲，右脚向右侧上半步，脚跟落地，脚尖勾起，右腿绷直，身体向右下方贴于右腿，左手抱住右脚外侧做下压动作（图5、图6）。（注：练习中左右腿交换进行）

图4

图 5　　　　　　　　图 6

3. 后压腿

预备姿势：两脚并步站立，两拳抱于腰间，目视前方（图7）。

动作步骤：背对肋木或一定高度的物体，并步站立，两手叉腰或扶一定高度的物体，左腿支撑，右腿向后抬起，脚面搁在肋木上，脚面绷直，上体后屈并做压震动作（图8）。（注：练习中左右腿交换进行）

注意事项：

①集体压腿时，可在统一口令下按节拍进行，压至有疼痛感觉时可停住不动，进行耗腿练习，压腿与耗腿可交替进行。

②压腿前应先做下肢屈伸、摆动等动作，把肌肉和关节活动开。压腿后可把被压的腿屈膝抱在胸前，然后松开做"控腿"练习，以提高腿部控制能力。

③压腿后可做踢腿、摆腿　　图7　　　　　　图8
动作。压腿、搬腿、控腿、踢腿和摆腿可交替进行，如"摆—压—踢"或"压—搬—控—踢"。

4. 正搬腿

预备姿势：两脚并拢站立，两手自然下垂，目视前方（图9）。

动作步骤：左腿屈膝提起，右手抱住左脚脚后跟，左手抱住脚掌外侧。左腿向前上方举起，挺膝，脚底朝上。也可由同伴托住脚跟上搬（图10）。（注：练习中左右腿交替进行）

图 9　　　　　图 10

5. 竖叉

预备姿势：两脚并步站立，两拳抱于腰间，目视前方（图11）。

动作步骤：两臂侧平举，两腿前后分开成一条直线。左腿后侧着地，脚尖勾起，右腿内侧或前侧着地，挺胸，立腰，沉髋，挺膝（图12）。（注：练习中左右腿交替进行）

图 11　　　　　图 12

6. 横叉

预备姿势：两脚并步站立，两拳抱于腰间，目视前方（图13）。

动作步骤：两臂侧平举，与肩平行，两腿左右分开成一条直线，脚内侧着地，挺胸，立腰，沉髋，挺膝（图14）。

图 13　　　　　　　　图 14

二、压肩、腰

肩、腰部练习主要是增强肩、腰关节韧带的柔韧性，加大肩、腰关节的活动范围，发展肩、腰部力量，提高上肢运动的敏捷、松长、转环等能力。

1. 压肩

预备姿势：预备姿势：两脚并步站立，两手自然下垂，目视前方（图15）。

动作步骤：面对肋木（或一定高度的物体）站立，间距一大步，两脚左右开立，与肩同宽或稍宽。两手抓握肋木，上体前俯（挺胸、塌腰、收髋）并做下压肩动作。利用肋木压肩时，也可由另一人双手放在练习者背上，随着练习人的下压动作，有节奏地给以助力。也可以两人对面站立，互相扶按肩部，做体压肩动作（图16）。

要求：两臂两腿要伸直，振幅应逐步加大，压点集中于肩部，增加助力时应由小到大。

图 15　　　　　　　　图 16

2. 下腰

预备姿势：两脚并步站立，两手自然下垂，目视前方（图17）。

动作步骤：两脚开立，与肩同宽，两臂伸直上举，腰向后弯曲，抬头，挺腰，两手撑地成桥拱形（图18）。

要求：挺膝，挺髋，腰向上顶，腰弓要大，脚跟不得离地。

图17　　　　　图18

3. 下拔筋（前俯腰）

预备姿势：两脚并步站立，直臂上举，手心向前，目视前方（图19）。

动作步骤：上体下俯贴紧腿部，双手交叉，尽量贴地。然后两手松开，抱住两脚跟腱，逐渐使胸部贴近腿部。还可以向左右两侧转体，两手在脚外侧贴触地面。持续一定的时间再起身（图20～23）。

要求：两腿挺膝伸直，挺胸，塌腰，收髋。

图19　　　　　图20　　　　　图21

图22　　　　　图23

4. 涮腰

预备姿势：左脚后撤一步成右弓步，左臂屈肘，右臂平举与肩同高，目视前方（图24）。

动作步骤：上体前俯，以髋关节为轴，上前向前、向左、向后、向右旋转一周，两臂随之向前、向左、向后、向右翻转绕环（图25～28）。（注：练习中左右方向交替进行）

要求：尽量增大绕环幅度及绕环速度。

图24　　　　　　　　　　　图25

图26　　　　　　图27　　　　　　图28

5. 翻腰

预备姿势：右脚在前，左脚在后，两腿交叉成高插步双摆掌，目视右前方（图29）。

动作步骤：

①上体前俯，沿纵轴向左翻转，左臂由下向左、向右绕转（图30、图31）。

②接着右臂随左臂由下向左、向上、向右抡绕一周，左臂成左叉步双摆掌（图32～34）。（注：练习中左右交换进行）

要求：上体沿纵轴绕转，两臂立抡成圆。

图29 　　　　　　图30 　　　　　　图31

图32 　　　　　　图33 　　　　　　图34

6. 乌龙盘打

预备姿势：两脚开立，略宽于肩，两臂平举与肩同高，目视前方（图35）。

动作步骤：左脚向左迈出一步成左弓步，上体随之左转，同时左臂向后、右臂向左前，目视左前方。腰部带着手臂绕体侧抡臂划弧一周成右仆步，同时右手拍地，左手臂停于左上方略高于肩。（注：练习中左右交替进行）（图36～39）。

要求：向上抡臂时要贴近耳，向下抡臂时要贴近腿。右仆步抡拍时，眼随右手；左仆步抡拍时，眼随左手。

图35

图 36　　　　　　　　　　　图 37

图 38　　　　　　　　　　　图 39

三、踢腿

踢腿是腿部练习中的重要内容，也是基本功训练的主要方面之一。它可以较集中地反映出腿部的柔韧、灵敏和控制力量的基本情况。

踢腿的方法有直摆性腿法、屈伸性腿法、击响性腿法、扫转性腿法。

1. 直摆性腿法

（1）正踢腿

预备姿势：两脚并步站立，两手立掌或握拳，两臂侧平举与肩同高，目视前方（图40）。

动作步骤：右脚向前上半步，右腿支撑。左脚尖勾起向前额处猛踢，目视前方（图41、图42）。（注：练习中左右腿交换进行）

要求：上体始终保持直立。踢腿时，支撑腿脚后跟不能离地，踢腿速度要快。

图40　　　　　　　图41　　　　　　　图42

（2）里合腿

预备姿势：两脚并步站立，两手立掌或握拳，两臂侧平举与肩同高，目视前方。（图43）。

动作步骤：左脚向左前方上半步，右脚脚尖勾起，脚掌内扣，向右上方踢起、经面前向左侧上方直腿划弧摆动，落于左脚内侧；左手掌可在左侧上方迎击右脚掌（击响），也可以不做击响动作，目视前方（图44、图45）。（注：练习中左右腿交替进行）

要求：挺胸，立腰，里合幅度要大成扇形。

图43　　　　　　　图44　　　　　　　图45

（3）外摆腿

预备姿势：两脚并步站立，两手立掌或握拳，两臂侧平举与肩同高，目视前方（图46）。

动作步骤：左脚向左前方上半步，右脚脚尖勾起，脚掌内扣，向左上方踢起、经面前向右侧上方直腿划弧摆动，落于左脚内侧；双手掌可在额前同时击打脚面（击响），也可以不做击响动作，目视前方（图47、图48）。（注：练习中左右腿交换进行）

要求：挺胸，立腰，外摆幅度要大成扇形。

图46　　　　　　　　　图47　　　　　　　　　图48

（4）侧踢腿

预备姿势：两脚并步站立，两手成立掌，两臂侧平举与肩同高，目视左前方（图49）。

动作步骤：右脚向前上半步，脚尖外展，左脚跟稍提起，身体略向右转，左臂前伸，右臂后举。随即，左脚尖勾紧向左耳侧踢起，同时右臂屈肘上举亮掌，左臂屈肘立掌于右肩前，目视左前方（图50、图51）。（注：练习中左右腿交换进行）

要求：挺胸，立腰，侧身，猛收腹。

图49　　　　　　　　　图50　　　　　　　　　图51

（5）后踢腿

预备姿势：两脚并步站立，两手自然下垂，目视前方（图52）。

动作步骤：行进间练习。左脚上前迈步屈膝下蹲，右脚后跟离地，上步的

同时两臂由下向前、向上、向后摆动后甩,同时起右腿向后上方成U字形姿势(图53、图54)。(注:练习中左右腿交换进行)

要求:挺胸,抬头,腰后屈。

图52

图53

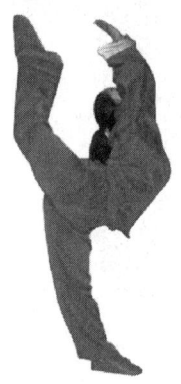
图54

2．屈伸性腿法

(1) 弹腿

预备姿势:两脚并步站立,两手握拳抱于腰间,目视前方(图55)。

动作步骤:右脚向前上步时,重心移至右腿,左脚跟要离地。重心移至右腿,左腿向前提膝。大腿接近水平时,小腿迅速向前猛力弹出,力达脚尖,大腿与小腿成一直线,与腰同高。接着左腿前落,脚尖着地,目视前方(图56～58)。(注:练习中左右腿交换进行)

要求:收腹,挺胸,立腰,下颌内收,脚面绷直。弹腿时要有寸劲(即爆发力),力达脚尖。全过程中,上体保持不动,重心要稳固。

图55

图56

图 57　　　　　　　　　　图 58

（2）蹬腿

预备姿势：两脚并步站立，两手抱拳于腰间，目视前方（图59）。

动作步骤：右脚向前上步时，重心移至右腿，左脚跟要离地。重心移至右腿，左腿屈膝提起，大腿与腰平，脚尖勾起。迅速向前挺膝蹬出，力达脚跟。大腿与小腿在一条直线上，右支撑腿要伸直，目视前方（图60～62）。（注：练习中左右腿交换进行）

要求：收腹，挺胸，立腰，下颌内收，勾脚尖。蹬腿时要有寸劲（即爆发力），力达脚后跟。全过程中，上体保持不动，重心要稳固。

图 59　　　　图 60　　　　图 61　　　　图 62

（3）侧踹腿

预备姿势：两脚并步站立，两手叉腰，目视前方（图63）。

动作步骤：右脚向左前方上步，稍屈膝。随即，右腿伸直支撑，左腿屈膝提起，左脚里扣，脚跟用力向左侧上方踹出，高与肩平，上体向右侧倾，

目视左前方（图 64、图 65）。（注：练习中左右腿交换进行）

要求：挺膝，开髋，猛踹，脚外侧向上，力达脚跟。

图 63　　　　　　　图 64　　　　　　　　　图 65

（4）后蹬腿

预备姿势：两脚并步站立，两手自然下垂，目视前方（图 66）。

动作步骤：左脚向前上步，迅速屈膝下蹲，右膝顺势下跪于左脚内侧（但膝不触地面），右脚跟提起，重心移至左腿，上体微前倾。同时，上体微右转，右掌向后下方伸出，虎口与脚跟相对，左掌向上摆至右肩前，指尖向上，掌心向外，目视右后方。右腿伸起，上体继续前倾，右腿顺势由屈而猛力向后蹬出，力达脚跟，脚尖向下。同时，右手顺势屈肘向蹬腿方向推出，目视右后方向（图 67、图 68）。（注：练习时左右腿交替进行）

要求：下蹲跪腿时，动作要迅速，要含胸。后蹬时，要迅速，有爆发力，支撑腿要稳固，膝要挺直。

图 66　　　　　　　图 67　　　　　　　　　图 68

3. 击响性腿法

（1）单拍脚

预备姿势：两脚并步站立，两手抱拳于腰间，目视前方（图69）。

动作步骤：左脚向前上步，重心移至左腿；右脚跟提起，右腿由后方向上提膝，向前弹腿，脚面绷直。同时右拳变掌，由腰间向前直插出去，在胸前迅速迎击右脚面，右脚击响后直腿向前落地，脚尖着地，同时右掌变拳抱于腰间，目视前方（图70）。（注：练习中左右腿交换进行）

要求：摆起腿要快起快落，手腿要协调配合，击打要响亮。

图69　　　　　　　图70

（2）二起脚

预备姿势：两脚并步站立，两手抱拳于腰间，目视前方（图71）。

动作步骤：右脚上步，左腿向上抬膝，右脚蹬地跃起，向前上方弹踢，脚面绷直，右拳变掌迎击右脚面。同时左腿下垂，脚面绷直，脚尖向下，上体微前倾，目视前方（图72、图73）。

要求：摆起腿要快起快落，手腿要协调配合，击打要响亮。

图71　　　　　图72　　　　　图73

（3）旋风脚（原地）

预备姿势：右脚向右开步成马步，右掌向右侧推出成立掌，左掌立于右肩窝处，目视右前方（图74）。

动作步骤：上体向左旋转前俯，重心右移，右腿屈膝蹬地跳起，左腿提膝，上体向左上方翻转，同时两臂向下、向左上方抡摆。身体旋转一周，右腿做里合腿，左手在面前迎击右脚掌，左腿下垂。右手握拳抱于腰间，目视前方（图75～77）。

要求：摆起腿要快起快落，蹬地有力，转身要协调，击打要响亮。

图74

图75

图76

图77

（4）外摆莲（原地）

预备姿势：左腿上步成左弓步，双手向前做双抢手，左手在前，右手在后，目视前方（图78）。

动作步骤：身体右转，左腿抬膝，右脚蹬地跳起，上体向右后方旋转一周，身体腾空，右腿向上方外摆做外摆腿，脚面绷直，两手于面前拍打脚面，上体微前倾，两眼随视两手。在空中击响时，左腿下垂，控于体侧（图79）。

要求：摆起腿要快起快落，蹬地有力，转身要协调，击打要响亮。

图78　　　　　　　图79

4．扫转性腿法

（1）前扫

预备姿势：两脚并立站立，两手自然下垂，目视前方（图80）。

动作步骤：

①左脚向右腿后插步，同时两手由下向左、向上、向右弧形摆掌；右臂伸直，高与肩平，成侧立掌，左掌附于右上臂内侧，目视前方（图81）。

图80　　　　　　　图81

②上体左后转180°，左臂随体转向左后方平云至体左侧，稍高于肩；右臂随体转，平移至体右侧，掌心向前（图82、图83）。

③上体继续左转，左腿屈膝下蹲，以右脚前脚掌碾地，右腿平铺，脚尖内扣，

直腿向左前扫转一周，同时左臂上架于头顶上方，右掌变勾手至身体右后侧，目视右前方。（图84）。

要求：头部上顶，眼睛随体转，平视前方，上体正直。在扫转时，身体始终保持右仆步姿势，保持身体重心平衡，右膝不要弯曲。

图82

正面　　　　　　　背面

图83　　　　　　　　　　　　　图84

（2）掏扫（俯身前扫）

预备姿势：身体成左仆步姿势，两手指尖相对放置身体正前方下按至地面，目视左前方（图85）。

动作步骤：身体微向上起，左腿不动，身体微前倾，右腿擦地面由前经左脚下方，向后扫转一周后放置原来的位置，目视左前方（图86、图87）。（注：当右脚扫转至左脚前方的同时左腿向上抬起，右脚经左脚下方向后扫转）

要求：俯身、撑地用力要连贯紧凑，一气呵成，上下肢动作不要脱节。

图85　　　　　　图86　　　　　　图87

（3）后扫

预备姿势：两腿并步站立，两拳抱于腰间，目视前方（图88）。

动作步骤：左脚上步成左弓步。同时两拳变掌从腰间向前推出，指尖向上，目视前方。左脚尖内扣，左腿屈膝全蹲，成右仆步姿势，同时上体右转并前俯，两掌随体右转在右腿内侧扶地，右手在前。两手撑地，随着上体向右后拧转的惯性力量，以左脚掌为轴，右脚贴地向右后扫转一周成左弓步，右掌变勾手略高于肩，左掌成立掌向前推出。目视前方（图89～91）。

要求：转体、俯身、撑地用力要连贯紧凑，一气呵成，上下肢动作不要脱节。

图88　　　　　　　　图89

图90　　　　　　　　图91

四、基本动作

1. 马步单鞭

预备姿势：左脚向左开步与肩同宽，两手握拳抱于腰间，目视左前方（图92）。

动作步骤：左脚向左跨步下蹲成马步，同时双手屈肘至体前，拳心向内，双手握拳向左右冲出，目视左前方。上右步马步单鞭动作反之（图93、图94）。

图 92　　　　　　　图 93　　　　　　　　图 94

2. 弓步斜行

预备姿势：左脚向左开步与肩同宽，双手握拳抱于腰间，目视左前方（图95）。

动作步骤：左脚向左跨步成马步，同时双手屈肘至体前，拳心向内，身体继续左转成左弓步。同时两拳向左前、右后冲出，力达拳面，目视前方。右弓步斜行动作反之（图96、图97）。

图 95　　　　　　　图 96　　　　　　　　图 97

3. 歇步冲拳

预备姿势：左脚向左开步与肩同宽，双手握拳抱于腰间，目视左前方（图98）。

动作步骤：左拳变掌从腰间向前推出，身体拧身左转，同时左掌做搂手动作，双脚不动，左脚在前，右脚在后，目视前方。双腿屈膝下蹲成歇步，同时左掌变拳收回腰间，右拳从腰间向前冲出，目视前方。右歇步冲拳动作反之（图99）。

　　背面　　　正面

图98　　　　　　　图99

4. 仆步切掌

预备姿势：左脚向左开步与肩同宽，两手握拳抱于腰间，目视左前方（图100）。

动作步骤：重心右移，左腿屈膝提起，同时左手变掌由体侧向上划弧，落于右肩窝处，左脚向左前方切出成左仆步。同时，左掌由右肩窝处向左斜前方切出，目视左前方。右仆步切掌动作反之（图101、图102）。

图100　　　　　图101　　　　　图102

5. 虚步格掌

预备姿势：两脚并步站立，两手自然下垂，目视前方（图103）。

动作步骤：左脚上前上步，右腿屈膝下蹲成左虚步。同时，双拳变掌由体前划弧做左格掌，双掌落至身体前方，双臂屈肘，左掌在前，右掌落至左肘关节内侧，目视前方。右虚步格掌动作反之（图104、图105）。

图 103　　　　　图 104　　　　　图 105

6. 仆步穿掌

预备姿势：两脚并步站立，两手自然下垂，目视前方（图106）。

动作步骤：左脚向左后方落步，左掌经头顶上方划弧成左盖掌置于胸前，目视前方。左腿提膝，同时右掌向右前方穿出成立掌，左掌收回右肩窝处，经左腹、左腿内侧向前穿出，左腿向左前方落地成左仆步，右腿全蹲，目视左前方。左掌继续向前穿出，同时左腿屈膝成左弓步，右脚向左前方迈步，同时左臂经耳侧向左后方划圆变拳收于腰间，右臂经体侧向头上方成盖掌置于胸前，目视前方（图107～111）。

图 106　　　　　图 107　　　　　图 108

图 109　　　　　图 110　　　　　图 111

7. 蝎子摆尾（右势）

预备姿势：两脚并步站立，左臂握拳屈肘置于体前正前方。同时，右手握拳屈肘，肘关节竖立在左拳眼上，目视前方（图112）。

动作步骤：以左脚掌为轴，身体向右后转体180°。同时右腿屈膝，右脚向右后横向缠绕一周，右拳变掌向右后平搂手。接着，身体继续向右转，右腿提膝，脚尖绷直内扣。同时，右掌向下插掌至小腿内侧，右小臂与腿内侧紧贴，右掌背贴紧内髁，指尖向下，左拳变掌架于头顶上方，掌心向上，目视前方（图113～117）。

要求：做动作时，撩腿和搂手，提膝插掌和上架，都要同时进行，独立式要站稳。

图112

图113

图114

图115

图116

图117

8. 拧身推掌（跨虎登山）

预备姿势：成左弓步，左手从腰间推出，指尖向上，右掌置于右髋关节处成撩阴手，目视前方（图118）。

动作步骤：身体右转，右手经体前由下向上做撩手动作，左手经体前做格挡动作。当两手在体前相会时，左手在外，右手在内，做拧身推掌动作，左手落于身体左侧成撩阴手，右手向前推出，指尖向上，成右弓步姿势，目视前方（图119、图120）。

要求：转身拧胯要快，手脚要协调配合。

图118　　　　　图119　　　　　图120

9. 倒步推掌

预备姿势：左弓步，左手从腰间立掌推出，指尖向上，右掌置于右髋关节处成撩阴手，目视前方（图121）。

动作步骤：身体重心后移，左腿提膝同时左手收回左腋下，目视前方。当左脚下落时，右脚迅速抬起向后退步，同时左掌向前推出，随即左脚落在右脚位置。左脚第二次提起，然后右脚落地成左弓步，同时左掌向左前方推出，目视前方（图122～126）。

要求：眼随手走，变换步法灵活、迅速。

　　　　　图121　　　　　图122　　　　　图123

图 124　　　　　　　图 125　　　　　　　　图 126

10. 鸡形步

预备姿势：两脚并步站立，两手自然下垂，目视前方（图127）。

动作步骤：左脚向前上步，同时右脚向斜前方做勾踢，右手经体前向后做勾手，左手由下向上经体前向右前方做推掌，放置右肩窝处，目视右前方。右脚落地，随即左脚向斜前方做勾踢，同时左手经体前向后做勾手，右手由下向上经体前向左前方做推掌放至左肩窝处。目视左前方（图128、图129）。

要求：动作干净利落，勾踢有力。

图 127　　　　　　　图 128　　　　　　　　图 129

11. 老虎大张嘴

预备姿势：右脚上步成右弓步，左手架掌放于头部前上方，同时右手立掌放于右腿膝关节内侧，目视前方（图130）。

动作步骤：身体向左微转，胯部下沉成马步姿势，右腿提起向后做跳步动作，右脚落于左脚位置。同时两手臂内旋合掌，左脚向后撤步成马步架掌动作。接着重心移至左腿，左架掌位置不变。同时，右腿屈膝上提，高度过腰，右掌放

于右膝关节内侧，目视前方（图131～134）。（注：马步架掌是一个过渡动作）

要求：眼随手走，跳步迅速、灵活，手脚要协调配合。

图130　　　　　　　　图131　　　　　　　　图132

图133　　　　　　　　　　　图134

12. 云手

预备姿势：成马步单鞭姿势，目视右前方（图135）。

动作步骤：左脚向右前方迈半步，同时身体微向右转，接着左拳变掌，掌心向上，经过头顶，顺势右手经胸前划弧至头顶，掌心向下。同时拧腰转髋，顺势双手迅速抱回腰间，拳心向上，右脚向前迈半步后左脚跟进成丁字步，同时两臂向前冲出，目视前方（图136～138）。（注：左臂屈肘置于右臂肘关节内侧，右拳则伸直冲出）

要求：手与脚要协调一致，动作灵活。

图 135　　　　　　　　　图 136

图 137　　　　　　　　　图 138

13. 双手炮

预备姿势：马步，双手握拳屈肘，在胸前成平行姿势，目视右前方（图139）。

动作步骤：双手从胸前划弧至右侧做搂手动作，接着两手迅速收回右腰间。然后两拳向右侧冲拳，做右跟步动作。同时两拳变掌，两掌心相对做拧掌，左腿提膝，身体右转90°，身体上部与腿成折叠状，两掌放在左脚后跟位置，做左踹腿动作。侧踹腿同时，两掌与腿成对拉方式，左掌向左前方推出，右掌迅速收回右腰间，目视左前方（图140～144）。

要求：侧踹腿以脚外侧发力，上身保持向右微倾斜，目视侧踹腿方向。

图 139

图 140　　　　　图 141　　　　　图 142

背面　　　　　正面

图 143　　　　　　　　图 144

第五节　跌扑滚翻

跌扑滚翻练习，对于培养前庭器官的稳定性，以及提高协调、灵巧、速度、力量等素质，都起着良好的作用。

1. 前滚翻

预备姿势：两脚并步站立，两手自然下垂，目视前方（图1）。

动作步骤：蹲撑，两腿蹬直，同时屈臂、低头、提臀、团身向前滚翻。前滚时，头的后部、肩、背、臀部依次着地。当背着地时，迅速收屈小腿，上体与膝部靠近，两手抱小腿向前滚动，随后上体抬起蹲撑，目视前方（图2～4）。

要点：肩、背、腰、臀要依次着地，滚翻要圆、快、立起要迅速。

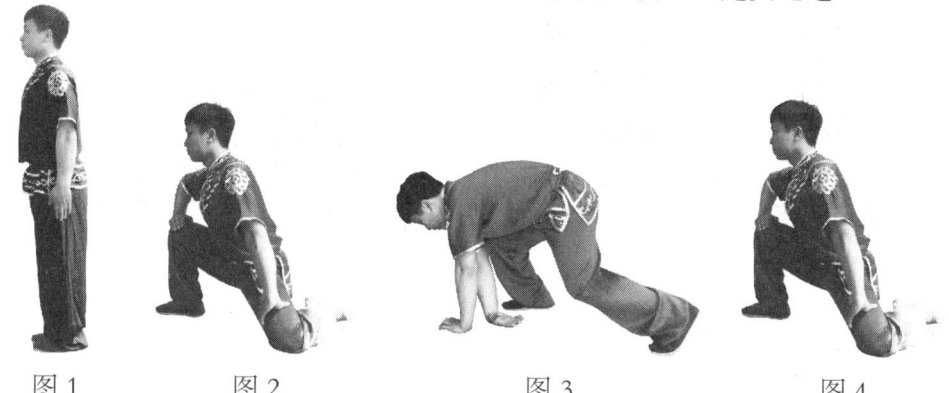

图1　　图2　　　　图3　　　　图4

2. 后滚翻

预备姿势：两脚并步站立，两手自然下垂，目视前方（图5）。

动作步骤：蹲撑，身体后倒，臀部、颈部、头依次着地，滚动要圆滑。当双脚着地瞬间，迅速抬头，双手支撑推地，双臂推撑要均匀用力，上体抬起成蹲撑，目视前方（图6～8）。

要点：臀、腰、背、肩要依次着地，滚翻要圆、快、立起要迅速。

图5　　图6　　　　图7　　　　图8

5. 乌龙绞柱

预备姿势：在地面上成侧卧姿势，目视右前方（图15）。

动作步骤：侧卧，左腿略屈贴地，右腿伸直。绞柱时，右腿由左向右贴身平扫，身体随之翻仰，两腿上举相绞，两手臂用力支撑推动身体，向上翻转（图16～18）。

要点：两腿上举相绞用力，绞腿要快，旋转要协调。

图15

图16

图17

图18

6. 前倒

预备姿势：两腿并拢，自然站立，两臂屈肘握拳，置于胸前，拳心向内，目视前方（图19）。

动作步骤：两腿并拢挺直，收腹，全身紧张，身体自然前倒，两拳变掌，两掌及小臂在身体着地前瞬间主动拍地，身体挺直，目视前方（图20、图21）。

要点：接地瞬间身体紧张挺直。

  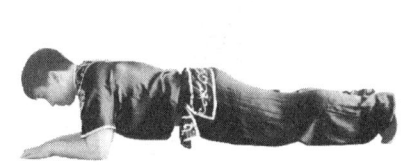 

图19　　　　　图20　　　　　图21

7. 后倒

预备姿势：两脚并步站立，两手自然下垂，目视前方（图22）。

动作步骤：两臂前摆，两膝向前上顶，上体后仰，同时起右脚，挺腹勾头，以臂肩及背部着地，目视斜上方（图23、图24）。

要点：接地瞬间身体紧张，挺腰，勾头。

图22　　　　　图23　　　　　　　　图24

8. 侧摔

预备姿势：两脚并步站立，两手自然下垂，目视前方（图25）。

动作步骤：两脚并拢站立，两臂迅速前摆。随即左后转身，右脚向左摆，以右臂、左脚掌、体侧着地，右臂上挡护头，两腿弯曲成剪式，目视右前方（图26、图27）。

要点：接地瞬间身体紧张挺直。

图25　　　　　　　　图26

图 27

第二章 基本功

第三章　少林武术操

动作名称详解

预备式

1. 并立式

两脚并步站立，两臂自然下垂，五指并拢，掌心贴于两腿外侧，挺胸收腹，目视前方（图1）。

2. 抱拳式

两掌变拳抱于腰间，目视前方。（图2）。

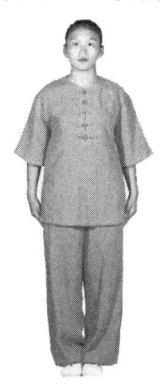

图1　　　　　　图2

第一节　手型变换（2×8拍）

1. 迎门炮（前冲拳）

左脚向左开步，同时两拳从腰间立拳向前冲出，与肩同高，拳心相对，目视前方（图3）。

2. 定心掌（双立掌）

两拳变掌，沉腕压肘挑掌，指尖与肩同高，目视前方（图4）。

图3　　　　　　图4

3．挂金钟（勾手分臂）

两臂分别从上向左右两侧打开，同时两拳变勾手，略高于肩，前左摆头，目视左前方（图5）。

4．抱拳式

左脚收回，并步直立，同时两勾手变拳抱于腰间，目视前方（图6）。

5～8式同1～4式，但改为右脚向右开半步，且在挂金钟时头向右摆，目视右方。

图5　　　　　　　图6

第二节　罗汉眉（2×8拍）

1．剑诀手（伸臂侧指）

左脚向左开步，两拳变剑指，分别向左右两侧伸臂平指，两手心向下，目视前方（图7）。

2．罗汉眉（转身屈臂）

以左脚跟、右脚掌为轴，身体向左后转180°，成交叉步。同时两臂屈肘，左右剑指指向眉梢（指尖距眉梢约10厘米），手心向前，目视前方（图8）。

 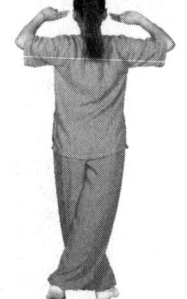

图7　　　　　　　图8

3．剑诀手（伸臂侧指）

以左脚跟、右脚掌为轴，身体向右后转180°，还原成"图7"的姿势（图9）。

4. 抱拳式

左脚收回，并步直立，两手变拳抱于腰间，目视前方（图10）。

5～8式同1～4式，但开步、转体方向与前相反。

图9　　　　　　　　图10

第三节　乌龙盘柱（2×8拍）

1. 怀中抱月（腹前托掌）

左脚向左开步，两拳变掌重叠于腹前，右掌在上，左掌在下，掌心向上，目视前方（图11）。

2. 云盖顶（架掌勾手）

右掌经胸前翻掌向上架于头顶上方，掌心向上。同时左掌经左腿外侧向后变勾手，勾尖向上。向左摆头，目视左方（图12）。

图11　　　　　　　　图12

3. 龙盘柱（俯身攀腿）

上体向下俯身，右手由上向下伸臂扣于左腿外踝部，左臂伸直保持勾手，上体尽力靠近左腿（两腿要直），头左转，目视斜上方（图13）。

4. 抱拳式

上体抬起，左脚收回，并步直立，两手变拳抱于腰间，目视前方（图14）。

5～8式同1～4式，但动作对称，方向相反。

图13　　　　　　　　图14

第四节　迎面腿（2×8拍）

1. 护胸捶（屈臂勾拳）

左脚向前上半步，右脚跟稍抬起，重心移向左腿。同时右拳屈臂上勾，拳心向内，目视前方（图15）。

2. 迎面腿（摆臂正踢）

右拳由前上向后下摆，拳心向内。同时，右腿直立，勾脚尖上踢，支撑腿要直，上体要正直，目视前方（图16）。

图15　　　　　　　　图16

3. 护胸捶（屈臂勾拳）

右臂前摆屈肘勾拳，同时右脚向下后落，还原为"图15"的姿势（图17）。

4. 抱拳式

左脚退回，并步直立，右拳抱于腰间，目视前方（图18）。

5～8式同1～4式，动作对称，但左右相反。

图17　　　　　　　图18

第五节　飞脚望月（2×8拍）

1. 左飞脚（左拍脚）

左腿由屈到伸，向前、向上摆踢，脚面绷直，同时左拳变掌，拍打左脚面，目视前方（图19）。

2. 抱拳式

左脚落回原地，并步直立，左手变拳抱于腰间目视前方（图20）。

图19　　　　　　　图20

3. 右飞脚（右拍脚）

与"左飞脚"动作对称，但左右相反（图21）。

4. 抱拳式

右脚落回原地，并步直立，右手变拳抱于腰间目视前方（图22）。

图 21　　　　　　　　图 22

5. 左望月式（左后拍脚）

左腿屈膝，小腿由右后撩踢，脚底朝上（支撑腿要直）。同时上体右拧，右拳变掌拍打左脚底；左拳变掌经胸前翻掌向上，架于头顶上方，掌心向上，目视右前方（图23）。

6. 抱拳式

左脚落回原地，并步直立，两手变拳抱于腰间，目视前方（图24）。

图 23　　　　　　　　图 24

7. 右望月式（右后拍脚）

与"左望月式"动作对称，但左右相反（图25）。

8. 抱拳式

右脚落回原地，并步直立，两手变拳抱于腰间目视前方（图26）。

第二个八拍同第一个八拍，动作对称，但左右相反。

图 25　　　　　　　图 26

第六节　马步单鞭（2×8拍）

1. 迎门炮（马步冲拳）

左脚向左跨步，成马步，同时两拳变立拳从腰间向前冲出，拳心相对，两臂平直，目视前方（图27）。

2. 护胸捶（胸前抱拳）

下肢不动，两臂屈肘，两拳收于胸前，拳心向内，目视前方（图28）。

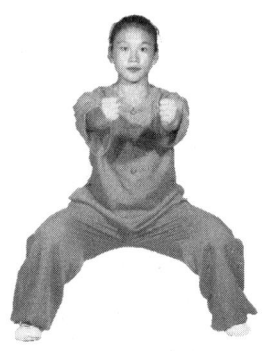

图 27　　　　　　　图 28

3. 单鞭式（马步侧冲拳）

下肢不动，两肘分别左右上抬外展，带动小臂快速向侧平伸，使拳冲出，拳心向下，目视左前方（图29）。

4. 抱拳式

左脚收回原地，并步直立，两拳抱于腰间，目视前方（图30）。

5～8式同1～4式，但跨右脚成马步。侧冲拳时，头右转，目视右前方。

图 29　　　　　　　图 30

第七节　跨虎登山（2×8 拍）

1. 平心掌（马步推掌）

左脚向左开步成左弓步，上体微左转，同时两臂在胸前环绕，左掌向左前推出，右掌变勾手下搂至右后侧，直臂贴身，目视左前方（图 31）。

2. 平心掌（转身推掌）

身体右转，成右弓步，同时两臂在胸前环绕，右掌向前推出，左掌变勾手下搂至左后侧，直臂贴身，目视右前方（图 32）。

图 31　　　　　　　图 32

3. 平切掌（转身横掌）

身体左转，成左弓步，同时两臂在胸前环绕，右掌向前平切掌，右掌变勾手下搂至右后侧，目视左前方（图 33）。

4．抱拳式

左脚收回原地，并步直立，两手变拳抱于腰间，目视前方（图34）。
5～8式同1～4式，动作对称，但方向相反。

图33　　　　　　　　　图34

第八节　单飞燕（2×8拍）

1．击手炮（蹲身击拳）

左脚向左跨跃一步，两臂侧摆，左拳变掌。左、右脚依次落地，并步半蹲（重心偏左腿，上体要直）。同时，两手在膝前击响，左掌扣击右拳，目视前方（图35、图36）。

图35　　　　　　　　　图36

2．单飞燕（腾空拍脚）

左脚蹬地跳起，随即右腿伸直向前上摆，右脚面绷直，右拳变掌拍打右脚面，左手抱拳于腰间，目视右掌（图37）。

图 37　　　　　　　　图 38

3. 击手炮（深蹲击拳）

右脚向右跨步落地，左脚向右脚靠拢，两臂侧摆，左拳变掌。右、左脚依次落地，并步半蹲（重心偏右腿，上体要直）。同时，两手在膝前击响，左掌扣击右拳，目视前方（图 38、图 39）。

4. 单飞燕（腾空拍脚）

右脚蹬地跳起，随即左腿伸直向前上摆，左拳变掌拍打左脚面，右手抱拳于腰间，目视左掌（图 40）。

5～8 式同 1～4 式，动作对称，但方向相反。

第二个八拍做到 5 式（即单飞燕图 37）后，下接。

图 39　　　　　　　　图 40

6. 右震脚

左脚落地后右脚向左脚内侧落地震脚，左脚随即抬起扣于右腿后侧。同时，右掌变拳向下摆于肋平，左拳向上摆至头左上方，目视右方（图41、图42）。

图41

图42

7. 坐山势（马步架栽拳）

左脚向左落步，两腿屈膝半蹲成马步。同时左拳向下成栽拳，拳面压于左大腿前部。右拳向上摆至头顶上方成架拳，拳心斜向前上方。向左摆头，同时发音"威"，目视左前方（图43）。

8. 收势

收左脚成站立势，同时两掌变拳收于腰间，拳心向上。双拳变掌，两臂自然下垂，目视前方（图44、图45）。

图43

图44

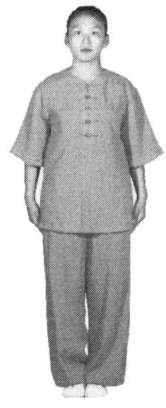
图45

第四章　小洪拳

动作名称详解

1. 预备式

两脚并步站立，两臂自然下垂，五指并拢，掌心贴于两腿外侧，挺胸收腹，目视前方（图1）。

2. 起式

左脚向左开步，与肩同宽。两手握拳抱于腰间，拳心朝上，向左摆头，目视左前方（图2）。

图1

图2

3. 怀中抱月

两拳变掌，向腹前插掌，掌心向上，右掌在上，左掌在下，目视前方（图3）。

4. 白云盖顶

左臂下插紧贴于身体左后侧，掌心向后。同时，右掌经胸前翻掌向上架于头顶，掌心向上，向左摆头，目视左前方（图4）。

图3

图4

5. 上步推掌

身体左转，屈膝下蹲成左虚步，同时两掌收回放于胸前交叉，掌心向上；左脚向前上步成弓步，左掌成立掌向前推出，右掌掌心向上收于腰间，目视前方（图5）。

6. 抱手束身

右掌从腰间向下、向前撩出后变拳收于右肩前，拳与肩平，拳心向后，左掌变拳下冲贴于身体左侧，拳心向后，同时身体右转，左脚收回，两腿下蹲成丁字步，目视左前方（图6）。

图5　　　　　　　　　图6

7. 双抢手

左脚向左上步成左弓步，双拳变掌收于腰间，掌心向上，同时向前方抢出，左掌在前，右掌放置小臂处，目视前方（图7）。

8. 外摆莲

左脚不动，重心前移，右腿提起，脚面绷直向左上方外摆，两臂前伸，双掌同时以掌心击打脚面，目视前方（图8）。

图7　　　　　　　　　图8

9. 马步合肘

右脚向前落地成马步,两掌变拳,屈臂关肘竖立于胸前,拳心向内,目视前方(图9)。

正面　　　　　　　　反面

图 9

10. 弓步斜形

身体右转成弓步,同时上体右转,两拳分别向左前、右后冲拳,拳心向上,拳眼相对,两臂与肩平,目视前方(图10)。

图 10

11. 压手缩身

身体左转,左拳向后收于左肩前,拳心向内,右拳由后向上抬起,沿左臂下切置右腿外侧,用力向下砸压,贴于臂外侧;同时右脚收回,双腿下蹲成丁字步,向右摆头,目视右前方(图11)。

正面　　　　　　　　反面

图 11

3. 垫背摔

预备姿势：左脚在前，右脚在后，两脚交错站立，目视前方（图9）。

动作步骤：右脚从后向前上步蹬地跳起，团身向前滚翻，含胸收腹，两手臂伸开，手心向下，两腿屈膝，两前脚掌着地，勾头目视上方（图10、图11）。

要求：翻转要快，勾头，腰要挺直。

图9　　　　　　图10　　　　　　　　图11

4. 鲤鱼打挺

预备姿势：在地面上成仰卧姿势，目视上方（图12）。

动作步骤：仰卧，屈体，使两腿上摆，两手扶按两膝，两腿下打，挺腹，振摆而起（图13、图14）。

要求：身体必须成半圆环弓形，两脚分开不得超过两肩宽，打腿振摆要快速。

图12

图13　　　　　　　　图14

12. 迎面踢

右脚向前上半步，身体右转，右拳收于腰间，拳心向上；左腿向正前方踢出，同时左拳由上向下劈出，目视前方（图12、图13）。

图 12　　　　　　　　　图 13

13. 弓步盘肘

左脚下落成马步，左拳由左侧向上经体前向右抡臂一周后上架于头顶，拳眼向下，身体左转成左弓步，同时右拳移至胸前，右肘向左前横击，目视前方（图14）。

图 14

14. 云顶七星

重心前移，右脚向前上半步，左拳变掌，掌心向上经头顶向后云手后抱于腰间，目视前方。左脚向前上半步，右拳变掌，掌心向下经头顶向后云手抱于腰间，目视前方。右脚向前上步，于左脚内侧成丁字步，左拳经腰间向前直冲，拳心向下，右拳拳心向下放置左肘内侧，目视前方（图15～17）。

 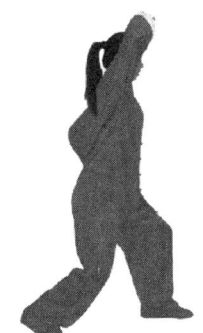 

图 15　　　　　　　图 16　　　　　　　图 17

15. 马步单鞭

身体右转，右脚向右跨步成马步，屈臂关肘竖立于胸前，拳心向内，目视前方。两拳分别向左、右冲出与肩平，拳心向下，目视右前方（图18、图19）。

图 18　　　　　　　　　图 19

16. 单拍脚

身体右转成右弓步，同时双拳收回抱于腰间，目视前方。重心前移，右腿支撑，左脚提起脚面绷直向前方弹踢，左拳变掌向前拍打脚面，目视前方（图20、图21）。

图 20　　　　　　　　　图 21

17. 海底捞月

左脚落地，右脚向前上步，左脚向右脚内侧靠拢成丁字步，同时左掌变拳收回腰间，右拳变爪向右下方抓握，目视斜下方（图22）。

图 22

18. 挤手炮

左脚向左跨步，右脚提起向左脚并拢，屈膝震脚下蹲，同时左拳变掌，右爪变拳在膝前相击，同时发音"咦"，目视前方（图23）。

图 23

19. 弓步勾拳

身体右转，右脚向前上步成右弓步，左掌变拳收回腰间，拳心向上；同时右拳经腰间向上抄出与肩平，拳心向内，目视前方（图24）。

图 24

20. 打虎势

重心前移，右脚支撑，左腿提膝脚面绷直，同时左拳向前下落于左膝上，拳心向外，右拳向后抡臂架于头顶，拳心向上，目视前方（图25）。

图 25

21. 下栽拳

左脚下落成左弓步，右拳向斜下方冲出，停于左膝前侧，拳心向下；同时左拳变掌沿右臂上提放于右肩窝处，掌心向上，目视右拳（图26）。

图 26

22. 平心炮

身体右转，左掌沿右臂向下切出，右拳向后拉回，经脑后云手向下以拳背与左掌在腹前相击，右脚收回与左脚并步，目视前方（图27、图28）。

图 27　　　　　　　图 28

23．里合腿

右拳抱于腰间，左手向左推掌，左脚向左上步，身体转体360°，右脚顺势做里合腿，目视前方（图29、图30）。

图29　　　　　　　　　　　图30

24．冲天炮

右脚下落与左脚并步震脚，同时左掌变拳，拳心向内，放于腹前，右臂经左臂内侧由下向上竖直冲拳，然后屈臂下落，肘尖落于左拳眼上，目视前方（图31）。

25．蝎子尾

双腿微屈，身体左后转，以右脚为轴，左脚向左缠绕一周，同时左手由左向后平搂手，目视左后方（图32）。

图31　　　　　　　　　　　图32

26. 老虎大张嘴

身体左转,左腿顺势提膝,左脚向前落地成左弓步;同时左掌下落于左膝上方,掌心向前,右拳变掌上架于头顶,掌心向前,目视前方(图33、图34)。

图 33　　　　　　　　图 34

27. 迎面扳手

重心前移,右脚向前上步成右弓步;同时左掌向前划弧变拳收于腰间,同时右掌经左臂内侧向前扳击,掌心向后,目视前方(图35)。

图 35

28. 转身劈掌

身体左转成左弓步,右掌由上向左斜下方劈出,掌心向内;同时右脚提起向前下方蹬出,力达脚跟,目视右掌(图36)。

图 36

29. 坐山势

右脚落地,左脚向右后撩击,同时左拳变掌架于头顶,右掌与左脚相击。左脚落地,两腿屈膝下蹲,成马步;同时左掌经右肩下落至左膝处,右掌由下向上架于头顶,同时发音"威",目视左前方(图37)。

图 37

30. 收势

收左脚成站立势,同时两掌变拳收于腰间,拳心向上。双拳变掌,两臂自然下垂,目视前方(图38、图39)。

图 38   图 39

第五章 通背拳

动作名称详解

1. 预备式

两脚并步站立，两臂自然下垂，五指并拢，掌心贴于两腿外侧，挺胸收腹，目视前方（图1）。

2. 起势

左脚向左开步，与肩同宽。两手握拳抱于腰间，拳心朝上，向左摆头，目视左前方（图2）。

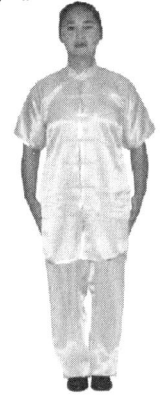

图1　　　　　　　　　　图2

3. 金沙飞拳

身体左转，左拳变掌向左搂抓后变拳收回腰间，拳心向上，右脚上步震脚与左脚并立，同时右拳向前冲出，拳心向下，目视前方（图3、图4）。

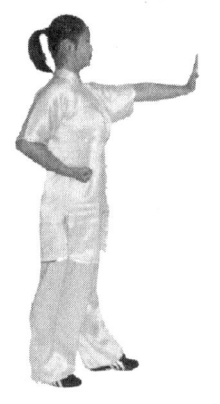

图3　　　　　　　　　　图4

4. 打虎靠山

右脚向后撤步，屈膝下蹲成左虚步，同时右拳向下向后抡臂上架于头顶，

拳心向上，左拳从身体前下压于左膝上，拳心向外，目视前方（图5）。

5. 顶心标拳

左脚向前上步成左弓步，左拳向前冲出于肩平，拳心向下。右拳抱于腰间，目视前方（图6）。

图5　　　　　　　　　　图6

6. 二郎担山

身体右转，同时两拳屈臂关肘竖立于胸前，拳心向内。左脚抬起向右前跳出，落地成马步变右弓步，两拳同时向前、向后冲出，前拳高与膝齐，后拳高与头齐，拳心向下，目视右前方（图7、图8）。

图7　　　　　　　　　　图8

7. 双关铁门

身体左转90°，右腿屈膝下蹲，左脚后撤，脚尖点地成左虚步；同时两臂屈臂关肘于胸前，左拳在前右拳在后放于左臂内侧，拳心向上，高与胸平，目视前方（图9）。

图 9

8. 闪门炮拳

重心前移，左腿支撑站立，右脚提起向前弹踢，同时左拳收回腰间，右拳变掌向前插掌拍打脚面。右脚落地成马步，左拳在上，右掌在下，交叉放于胸前，身体右转成右弓步，右掌上架于头顶上方，左拳向前冲出与肩平，拳心向下，目视前方（图10、图11）。

图 10　　　　　　图 11

9. 金童献图

身体左转90°，右脚放于身体前，左腿屈膝下蹲成右虚步；左拳变掌向上架于头顶，右掌向下按于身体右侧，目视右前方（图12）。

正面　　　　反面

图 12

10. 千斤砸捶

右脚提起，左掌变拳收于腰间，右掌由下向上提撩至胸前。左脚蹬地翻身跳起，身体右后转180°落地成马步，右掌反手抓握成拳收于腰间；同时左拳由腰间屈臂由上向下砸击，拳心向上，目视前方（图13、图14）。

图 13　　　　　　　　　图 14

11. 左右开弓

身体左转90°成左弓步，左拳变掌，向左搂抓后变拳收回腰间，右拳由腰间向前冲出，拳眼向上，高与肩平。身体右转90°成马步，同时右拳收于右肩窝处，拳心向内，左拳向左冲出，拳眼向上，目视左前方（图15、图16）。

图 15　　　　　　　　　图 16

12. 鹞子翻身

重心移至左腿，右腿屈膝提起，左脚蹬地向右转身跳起；两脚依次落地，左脚在前，右腿下蹲成左虚步。两拳变掌在胸前交叉上托经头顶下落体侧，顺势上挑放于胸前，左掌在前，右掌在后放于左臂内侧，目视前方（图17）。

13. 定心拳

左脚向前上步成左弓步，左手向前做搂手收于腰间，右手变拳向前冲出，拳心向下，目视前方（图18）。

图 17　　　　　　　　　图 18

14. 跨虎式

重心后移，左脚微收，右腿屈膝下蹲成左虚步；左拳经右臂上侧向下切出，放于左膝上，拳心朝外，同时右臂顺势收于腰间，拳心向上，目视正前方（图19）。

15. 单峰贯耳

右脚向前上步成右弓步；同时，右拳向面前横击，左拳变掌，抓握手腕，拳高与眼平，目视前方（图20）。

图 19　　　　　　　　　图 20

16. 十字通背

右臂内旋屈肘，上体右拧，两拳分别向左前、右后撑击，拳心朝下，高与肩平，目视右后方（图21）。

图 21

17. 千斤砸拳

身体左转成马步，左拳收回腰间，拳心向上；同时右拳由后向前下屈臂砸压，目视前方（图22）。

图 22

18. 野马卧槽

身体右转90°成右弓步；同时左脚提起，绷直向前弹踢，左拳变掌，以掌心拍打脚面；左脚下落，左掌握拳收回腰间，同时右脚提起，绷直向前弹踢，右拳变掌，以掌心拍打脚面。左腿蹬地跳起，右腿落地全蹲，左腿向左铲出成左仆步，同时左拳变掌，双手从身体两侧由下向上撩起，高与肩平，翻掌屈肘向内下压，指尖相对，目视左前方（图23～26）。

图 23   图 24

图 25   图 26

19. 掩目拳

重心前移，左腿屈膝成左弓步，左掌变拳，向前上方反背击打，右掌变拳收回腰间，目视前方（图27）。

图27

20. 霸王别姬

右脚提起向左腿后插步，右拳变掌向左前下方插出；左脚向前上步成左弓步，左拳经右臂内侧向前冲出；同时右掌变拳上架于头顶，拳心向前，目视前方（图28、图29）。

图28　　　　　　　图29

21. 双分手

重心后移，左腿屈膝提起，两拳变掌以手背击大腿。右腿蹬地换跳步成右虚步，两掌经身体两侧向上挑起，指尖朝上，右掌在前，左掌在后，放于右臂内侧，目视前方（图30）。

图 30

22. 双峰贯耳

重心前移，右腿蹬直，两掌变拳经腰间向前上方横击，两拳于眼平，拳面相对，目视前方（图 31）。

23. 合畔掌

左脚下落成左弓步，同时两手变掌由两侧向前下方合拍于膝前，掌心相对，目视前方（图 32）。

图 31　　　　　　　　　图 32

24. 勒马按拳

双掌向左同时翻转，右手向左缠手，左手向右缠手，左脚稍向后移，右腿下蹲成左虚步，同时，右掌变拳回收于腰间，拳心向上；左臂内旋，左掌变拳放于左膝上方，拳心向外，目视前方（图 33、图 34）。

局部放大

图 33　　　　　　　　　　　图 34

25．五子登科

左脚向前上步，右脚提起绷直，向前弹踢，同时左拳收回腰间，右拳变掌向前以掌心击打脚面。右脚落地，身体左后转180°，左脚提起向后撩起，同时右手变拳收回腰间，左拳变掌向后以掌心击打脚外侧。右脚蹬地跳起，脚面绷直向前弹踢，右拳变掌以掌心击打脚面，左掌变拳收于腰间。落地站立，右掌放于右前方，左拳变掌放于右臂肩窝处，左脚提起，右脚蹬地跳起，随身体向左后旋转360°，右脚里合，左掌以掌心击打右脚掌，目视脚尖（图35～39）。

图 35　　　　　图 36　　　　　图 37

图 38　　　　　　　　图 39

26. 舞花坐山

右脚落地震脚，左脚向左跨步成马步，右拳由下向上划圆架于头顶，拳心向上，左掌变拳由上至下划圆放于左膝上，拳心向后，同时发音"威"，目视前方（图 40）。

图 40

27. 收势

收左脚成站立势，同时两掌变拳收于腰间，拳心向上。双拳变掌，两臂自然下垂，目视前方（图 41、图 42）。

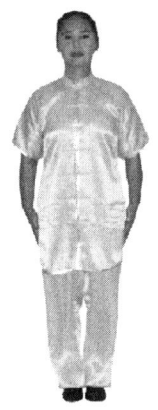

图 41　　　　　　　　图 42

第六章　大洪拳

动作名称详解

1. 预备式
两脚并步站立，两臂自然下垂，五指并拢，掌心贴于两腿外侧，挺胸收腹，目视前方（图1）。

2. 起势
左脚向左开步，与肩同宽。两手握拳抱于腰间，拳心朝上，向左摆头，目视左前方（图2）。

图1

图2

3. 双推掌
两拳变掌，两臂内旋成侧立掌向正前方推出，目视前方（图3）。

4. 虚步抱拳
身体左转，左脚尖点地，右腿屈膝下蹲成左虚步，两掌同时变拳收于腰间，目视前方（图4）。

图3

图4

5. 左弓步抢手

左脚向前上步成左弓步,左手变掌经右臂内侧向前抢出,掌尖向斜上方,右拳在体前划弧后收于腰间,目视前方(图5)。

6. 右拍脚

重心前移,右脚提起绷直向前弹踢,右拳变掌迎击脚面,同时左掌变拳收于腰间,拳心向上,目视前方(图6)。

图5　　　　　　　　　　图6

7. 右弓步抢手

右脚落地成右弓步,右掌经左臂内侧向前抢出,掌尖向斜上方;左拳在体前划弧后收于腰间,目视前方(图7)。

8. 左里合脚

重心前移,左腿提起由外向内旋踢;同时身体右转180°,右手握拳收于腰间,左拳变掌以掌心迎击左脚掌,目视前方(图8)。

图7　　　　　　　　　　图8

9. 左弓步抢手

左脚落地成左弓步,左掌经右臂内侧向前抢出,掌尖向斜上方。右拳收于腰间,目视前方(图9)。

10. 右拍脚

重心前移，右脚提起绷直向前弹踢，右拳变掌迎击脚面；同时左手握拳收于腰间，目视前方（图10）。

图9　　　　　　　　　　图10

11. 扑地鸡

右脚下落至左脚处，左脚蹬地跳起前，落地成左仆步，两掌同时经体前下压，掌心向下，掌尖相对，目视前方（图11、图12）。

图11　　　　　　　　　　图12

12. 腾空拍脚

重心前移成左弓步，两掌变拳收于腰间；同时右脚上步蹬地跳起，左腿屈膝提起，右脚绷直向前弹踢，右拳变掌，击拍脚面，目视前方（图13、图14）。

13. 弓步双推掌

两脚依次落地成右弓步，同时两手成侧立掌向前推出，目视前方（图15）。

图 13　　　　　　　图 14　　　　　　　图 15

14. 震脚双推掌

身体左转成马步，两掌变拳，经身体两侧贴身向下冲拳。右脚抬起在左脚内侧震落，左脚向前上步成左弓步；同时两掌经体前向两侧分开，然后经腰间成侧立掌向前推出，目视前方（图16～18）。

图 16　　　　　　　图 17　　　　　　　图 18

15. 推三推

弓步不变，两掌依次收于肩窝处，向前推拉三次，目视前方（图19～22）。

　　　　　　　图 19　　　　　　　　图 20

图 21　　　　　　　　　图 22

16. 大跨虎

左脚收回靠于右脚内侧，两腿并步站立；同时右掌由左向下再向右划弧架于头顶，左掌经体前向下落于臀部左侧成勾手，目视左前方（图 23）。

17. 左弓步推掌

身体左转，左脚向前上步成左弓步；同时左掌经右臂内侧向前推出，右手变勾手收于臀部右侧，目视前方（图 24）。

图 23　　　　　　　　　图 24

18. 小跨虎

身体右转，左脚收回，两脚错半步并拢下蹲；同时右掌由左向下再向右划弧架于头顶，左掌经体前向下落于臀部左侧成勾手，目视左前方（图 25）。

19. 左弓步推掌

身体左转，左脚向前上步成左弓步；同时左掌经右臂内侧向前推出，右手变勾手收于臀部右侧，目视前方（图 26）。

图25　　　　　　　　　图26

20. 右弓步推掌

身体右转，左脚蹬地拧胯成右弓步；同时右掌经左臂内侧向前推出，左掌经体前向下变勾手贴于臀部外侧，目视前方（图27）。

21. 虚步亮掌

右脚微收，脚尖点地，左腿屈膝下蹲成右虚步；

图27　　　　　　　　　图28

同时右掌收回，屈肘成侧立掌，左手向上翻腕成侧立掌放于右臂内侧，目视前方（图28）。

22. 上步推掌

右脚向前上半步蹬地跳起，左脚向前落地成左弓步，同时左掌收于胸前，右掌经体后向上划弧；左掌向前方推出，右掌变勾手贴于臀部外侧，目视前方（图29、图30）。

图29　　　　　　　　　图30

23．拧身推掌

身体右转成右弓步；同时左掌经体前向前推出，右手变掌由下向上托左肘，目视前方（图31）。

24．抱手束身

身体右转，左脚上步与右脚错半步并拢下蹲；同时，左掌变拳经右臂内侧下落于臀部左侧，拳心向后，右掌握拳收于右肩窝处，目视左前方（图32）。

图31　　　　　　　　　　图32

25．上步抢手

身体左转，左脚向前上步成左弓步，左拳变掌经右臂内侧向前抢出，掌尖向斜前方，右拳收于腰间，目视前方（图33）。

26．右拍脚

右脚提起绷直向前弹踢，右拳变掌向前击拍脚面；同时左掌变拳收于腰间，拳心向上，目视前方（图34）。

图33　　　　　　　　　　图34

27．弓步斜形

右脚向前落地成右弓步；右掌变拳与左拳平行竖立于体前，目视右方。同时两拳分别向前、右后横击，拳眼相对，两臂高与肩平，目视前方（图35）。

28. 压手束身

身体左转，右脚撤步与左脚错半步并拢下蹲，同时，左拳收于左肩处，右拳由上向下落于身体右侧，目视右前方（图36）。

图 35　　　　　　　　　　　图 36

29. 弓步斜形

右脚蹬地，向右后180°转身跳起，落地成马步，两臂屈肘收于胸前；右腿蹬地拧胯成左弓步，两拳分别向前、右后横击，拳眼相对，两臂高与肩平，目视前方（图37～39）。

图 37　　　　　　图 38　　　　　　　图 39

30. 老虎大张嘴

身体右转，两腿屈膝半蹲成马步，两拳面相对收于胸前，目视前方。然后向右拧身成右弓步，两拳变掌，左掌上架于头顶，掌心向前；右掌掌指向下贴于右膝上，掌心向前，目视前方（图40、图41）。

　　　　　　　　　　　　　图 40

图 41

31. 三倒步

右脚抬起移至左脚处，左脚随之抬起后移；同时两掌随步上下开合，重复三次后，左脚最后一次落地做支撑腿，右腿屈膝提起；同时，左掌架于头顶，掌心向上，右掌贴于右脚踝前，掌心向前，目视前方（图42、图43）。

图 42　　　　　图 43

32. 跳步云顶

右脚落地后，左脚随即上步蹬地跳起，同时两掌经身体两侧由下向前经头顶向后云顶，掌心向下，指尖相对，两脚同时落地下蹲成并步，两手由后脑下落至胸前；右手变拳向前冲出，左臂屈肘，左手变拳拳面正对右肘关节处，目视前方（图44～46）。

图 44　　　　　图 45　　　　　图 46

33. 马步单鞭

身体左转，左脚向左跨步成马步；两臂回收竖于胸前，拳心向内，同时两臂屈肘上翻，两拳同时向两侧横击，拳心向下，目视左前方（图47、图48）。

34. 抱手束身

左脚收回与右脚错半步并拢下蹲，同时左拳经体前收回落于臀部左侧，右拳回下落右肩窝，拳心向内，目视左前方（图49）。

图 47　　　　　图 48　　　　　图 49

35. 上步抢手

身体左转，左脚向前跨步成左弓步，右拳收于腰间；同时左拳变掌由腰间向前抢出，掌指向斜前方，目视前方（图50）。

图 50

36. 里合脚

重心前移,右腿提起经体前向左摆出,左掌迎击右脚掌,身体随之旋转270°(图51)。

37. 冲天炮

右脚落地震脚,两腿屈膝半蹲;同时右拳由下往上冲出,收于胸前,拳心向内,左手握拳屈臂,抱于右臂下侧(图52)。

图51　　　　　　　图52

38. 蝎子尾

身体左转,左脚擦地向后绞缠,同时左拳变掌向后搂出(图53)。

39. 左弓步推掌

身体左转,左腿屈膝提起。左掌收于左肩窝处,右拳变勾手由体侧向后勾出,同时左脚向前落地成左弓步,左掌向前推出,目视前方(图54、图55)。

图53　　　　　　图54　　　　　　图55

40. 倒步三掌

重心后移,左脚向后撤步。同时,左掌内旋收于左肩窝处,右脚向后撤步成左弓步,左掌向前推出。重复两次后,左腿屈膝提起,同时左掌内旋收于左

肩窝处。左脚向前落地成左弓步，左掌向前推出，目视前方（图56～61）。

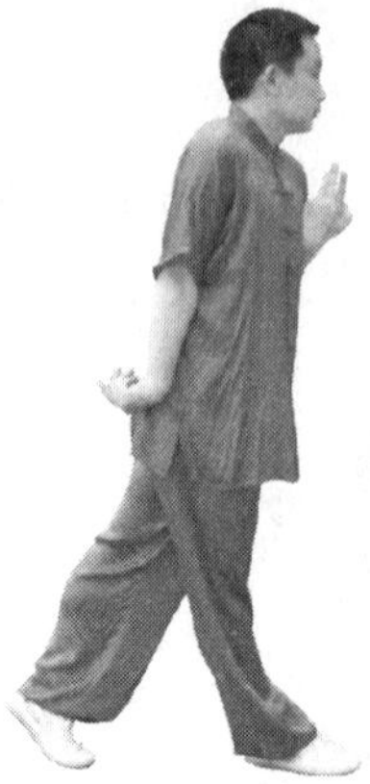

图56 　　　　　图57 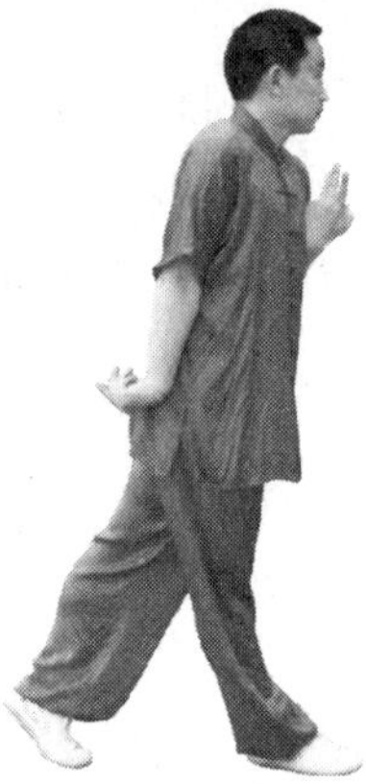　　　　　图58

图59 　　　　　图60 　　　　　图61

41. 右弓步推掌

身体右转，拧身转腰成右弓步；同时左掌经体前向下变勾手贴于臀部外侧，右手变掌经左臂内侧向前推出，目视前方（图62）。

图62

42. 虚步亮掌

右脚微收，脚尖点地，左腿屈膝下蹲成右虚步。同时，右掌收回屈肘成侧立掌，左手变掌向上翻腕放于右臂内侧，目视前方（图63）。

图63

43. 上步推掌

右脚向前上半步蹬地跳起，左腿屈膝提起；左掌收于胸前，右掌经体后向上划弧落于胸前，同时左脚落地成左弓步，左掌向前方推出，右掌变勾手贴于臂部外侧，目视前方（图64、图65）。

图64

图65

44. 拧身推掌

身体右转成右弓步，同时左掌经体前向前推出，右手变掌由下向上托左肘，目视前方（图66）。

图66

45．抱手束身

身体右转，左脚上步与右脚错半步并拢下蹲成半蹲步。同时，左掌变拳经右臂内侧下落于臂部左侧，拳心向后；右手握拳屈肘抱于右肩窝处，目视前方（图67）。

46．上步抢手

身体左转，左脚向前上步成左弓步，右拳收于腰间。同时左拳变掌由腰间向前抢出，掌指向斜前方，目视前方（图68）。

图67　　　　　　　　　　图68

47．右单拍脚

右腿提起屈膝向前弹踢，同时右拳变掌击打右脚面，左掌变拳抱于腰间，拳心向上，目视前方（图69）。

48．盘肘

右脚落地成右弓步；同时右手握拳屈臂由右向左横格，然后经体前向右侧划弧上架于头顶，左肘由外向内平摆至胸部，拳心向下，肘尖向前，目视前方（图70）。

图69　　　　　　　　　　图70

49．束身对面捶

身体左转，右脚收回与左脚并拢下蹲，两拳相对至胸前；同时左拳向左上方、右拳向右下方击出，拳心向下，目视右下方（图71）。

50. 跳步盘肘

右脚蹬地跳起，身体右转180°落地成左弓步；右拳抱于腰间，左拳由左向右，经体前划弧上架于头顶，右拳由外向内平摆至胸部，拳心向下，右肘向前，目视前方（图72、图73）。

图 71

图 72

图 73

51. 老虎大张嘴

身体右转，两腿屈膝半蹲成马步。两拳面相对收于胸前，向右拧身成右弓步，两拳变掌，左掌上架于头顶，掌心向前；右掌掌指向下贴于右膝上，掌心向前，目视前方（图74、图75）。

图 74

图 75

52. 三倒步

右脚抬起移至左脚处，左脚随之抬起后移；同时两掌随步上下开合，重复三次后，左脚最后一次落地做支撑腿，右腿屈膝提起；同时，左掌架于头顶，

掌心向上，右掌贴于右脚踝前，掌心向前，目视前方（图76、图77）。

图76　　　　　　　　　图77

53. 跳步云顶

右脚落地后，左脚随即上步蹬地跳起，同时两掌经身体两侧由下向前经头顶向后云顶，掌心向下，指尖相对，两脚同时落地下蹲成并步，两手由后脑下落至胸前；右手变拳向前冲出，左臂屈肘，左手变拳拳面正对右肘关节处，目视前方（图78～81）。

图78

　　　　　　图79　　　　　图80　　　　　图81

54. 马步单鞭

身体左转，左脚向左跨步成马步；两臂回收竖于胸前，拳心向内，同时两臂屈肘上翻，两拳同时向两侧横击，拳心向下，目视左前方（图82）。

55. 抱手束身

左脚收回与右脚错半步并拢下蹲，同时左拳经体前收回落于臀部左侧，右拳回下落右肩窝，拳心向内，目视左前方（图83）。

图82　　　　　　　　　　图83

56. 上步抢手

身体左转，左脚向前跨步成左弓步，右拳收于腰间；同时左拳变掌由腰间向前抢出，掌指向斜前方，目视前方（图84）。

57. 右拍脚

重心前移，右脚提起绷直向前弹踢，右拳变掌击拍脚面；同时，左手握拳收于腰间，拳心向上，目视前方（图85）。

图84　　　　　　　　　　图85

58. 弓步推掌

右脚下落成右弓步，右手经体前由左臂内侧成侧立掌向前推出；同时，左手变勾手落于臀部左侧，目视前方（图86）。

图 86

59. 拧身左推掌

身体左转，右腿蹬地拧胯成左弓步，同时左手变掌由体前经右臂内侧成侧立掌向前推出，右掌由体前向下贴身变勾手落于臀部右侧，目视前方（图87）。

60. 拧身右推掌

身体右转，左腿蹬地拧胯成右弓步，同时右手变掌由体前经左臂内侧成侧立掌向前推出；左掌由体前向下贴身变勾手落于臀部左侧，目视前方（图88）。

图 87

图 88

61. 左拍脚

左脚提起绷直向前弹踢，左手变掌击拍脚面；右掌变拳握于腰间，目视前方（图89）。

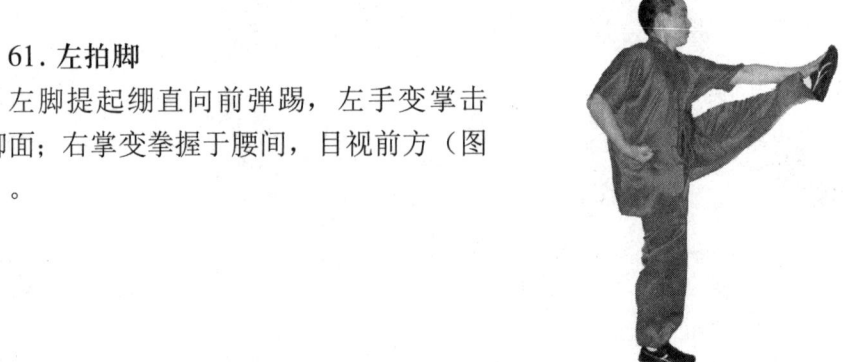

图 89

62. 跳步左推掌

右脚蹬地跳起，两脚依次落地成左弓步，同时左掌收至胸前；经右臂内侧向前推出，右掌变勾手贴于身体右侧，目视前方（图90、图91）。

图90

图91

63. 拧身右推掌

身体右转，左腿蹬地拧胯成右弓步，同时右手变掌由体前经左臂内侧成侧立掌向前推出；左掌由体前向下贴身变勾手落于臀部左侧，目视前方（图92）。

64. 拧身左推掌

身体左转，右腿蹬地拧胯成左弓步，同时左手变掌由体前经右臂内侧成侧立掌向前推出，右掌由体前向下贴身变勾手落于臀部右侧，目视前方（图93）。

图92

图93

65. 夹裆捶

右脚向左前跳落，两腿换跳步落地成马步，左手贴于左大腿内侧，掌心向右，右手变拳向右侧拉起；身体向左蹬地拧胯成左弓步，同时右拳背捶击左掌心，发音"嗨""咦"，目视前方（图94、图95）。

　　　　　　　　　正面　　　　　　　　侧面
　　图 94　　　　　　　　　　　　图 95

66. 反背捶

身体右转成右弓步，同时左掌变拳放于腰间，右拳向斜前方反背击出，拳心向上，目视前方（图96）。

67. 虚步抱拳

右脚后移，脚尖点地，左腿屈膝下蹲成右虚步。同时，右臂屈肘收于胸前，拳心向下；左拳变掌向前成立掌贴于右小臂内侧，目视前方（图97）。

　　图 96　　　　　　　　　　　　图 97

68. 上步三冲拳

右脚向前垫步跳起，双脚依次落地成左弓步，右拳收于腰间，左掌下压于右小臂上，同时左掌向前切出，高与肩平，右拳由腰间向前冲出，拳心向下。同时左掌外旋紧贴右臂收于右臂上方，掌心向上，然后左掌紧贴右臂向前横切；右拳收回抱于腰间，拳心向上，重复三次（图98～104）。

图98 　　　　　　　　图99 　　　　　　　　图100

图101 　　　　　　　　　　图102

图103 　　　　　　　　　　图104

69.小跨虎

身体右转，左脚收回，两脚错半步并拢下蹲，同时右拳收回，变掌经体前向右向上翻掌架于头顶，左掌下切贴于臀部后方，目视左前方（图105）。

70.左弓步推掌

身体左转，左脚向前上步成左弓步；同时，左掌经右臂内侧向前推出，右掌变勾手收于臀部右侧，目视前方（图106）。

图 105　　　　　　　　　图 106

71. 转身反背捶

身体右转成右弓步。同时，左手变拳向斜前上方反背击出，拳心向上；左掌变拳贴于左腿外侧，目视前方（图107）。

图 107

72. 坐山势

身体左转，右脚抬起震落于左脚处；左脚向左跨步成马步，右拳经体前由左向上架于头顶，拳心向前；同时左拳经右臂内侧向左落于左膝上，拳心向后，同时发音"威"，目视左前方（图108、图109）。

图 108　　　　　　　　　图 109

73. **收势**

收左脚成站立势,同时两掌变拳收于腰间,拳心向上。双拳变掌,两臂自然下垂,目视前方(图110、图111)。

图 110

图 111

第七章　梅花拳

动作名称详解

1. 预备式
两脚并步站立，两臂自然下垂，五指并拢，掌心贴于两腿外侧，挺胸收腹，目视前方（图1）。

2. 起势
左脚向左开步，与肩同宽。两手握拳抱于腰间，拳心朝上，向左摆头，目视左前方（图2）。

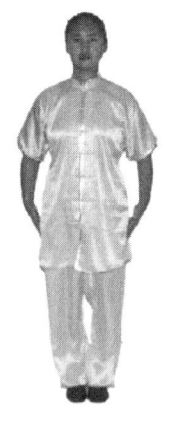

图1　　　　　　　　　　　图2

3. 双分掌
右脚向前上步，两拳变掌，两掌交叉在胸前向上托举下落与肩平，目视右前方，左脚向前虚点，两掌交叉由胸前向上托举下落与肩平，目视前方（图3～6）。

图3　　　　　　　　　　　图4

图 5　　　　　　　　　　　图 6

4．卧枕

右脚向左腿前盖步，同时两掌握拳。右拳在胸前环抱左臂后收于右肩窝处，拳心向右；左拳经面前下落于小腹前，拳心向左，目视前方（图7）。

5．马步冲拳

左脚向左跨步，两腿下蹲成马步。同时右拳收于腰间，拳心向上；左拳成立拳向左冲出，目视左前方（图8）。

图 7　　　　　　　　　　　图 8

6．歇步十字手

身体右后转180°，左脚向右腿前盖步，两腿下蹲成歇步；同时两拳变掌，在胸前交叉向上划圆后交叉至右胸前，目视左前方（图9、图10）。

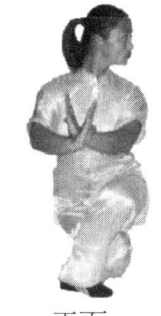

正面　　　　　反面

图 9　　　　　　　　　图 10

7. 猛虎出洞

震右脚上左步成左弓步，同时两掌变拳抱于腰间，左拳在下，右拳在上向前冲出，拳心相对，目视前方（图 11、图 12）。

图 11　　　　　　　　　图 12

8. 压肘

右臂屈肘下压，左拳变掌贴于右小臂，目视前方（图 13）。

9. 悬崖勒马

身体右后转 180°，两拳变掌向右下方搂抓；左腿下蹲，右脚微收，脚尖点地成右虚步。同时两臂屈肘收于胸前，拳心向上；左拳贴于右肘内侧，目视前方（图 14、图 15）。

图 13

图 14　　　　　　　图 15

10. 弓步顶肘

身体左转，右腿前伸，左腿屈膝全蹲成右仆步，左拳收于腰间，拳心向上；右臂屈肘向左横格，拳心向右。重心右移，右腿屈膝成右弓步，右肘抬起后向右前方顶出；左拳变掌贴于右拳面，目视前方（图16、图17）。

正面　　　反面　　　　　　　图 17
图 16

11. 弹腿冲拳

左腿屈膝提起，两手握拳抱于腰间，拳心向上，左脚绷直提起向前方弹踢，左脚落地成马步，同时左拳变掌由腰间向左平搂手。身体左转成左弓步，左掌变拳收于腰间，右拳由腰间向前冲出，拳心向下，目视前方（图18～21）。

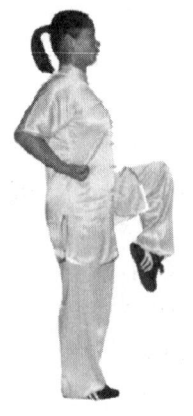

图 18　　　　　　　图 19

图 20　　　　　　　　　图 21

12．金鸡独立

右脚在左脚内侧震脚，提左膝；同时，右臂由前向后向上抡起架于头顶上方，拳心向上，左臂向后向上下栽于左腿上方，拳心向外，目视前方（图22、图23）。

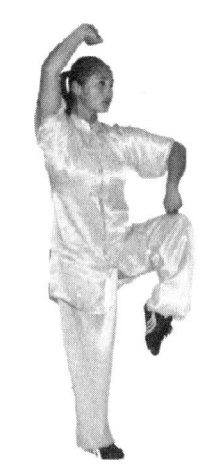

图 22　　　　　　　　　图 23

13．挤手炮

左脚下落震脚与右脚并齐，两腿下蹲；同时，左拳变掌放于膝前，右拳下砸于左掌心，拳心向上，目视前方（图24）。

14．翻身切掌

身体右后转270°，两脚同时蹬地跳起，同时两手在面前缠腕。两脚落地后右腿屈膝全蹲，左脚前伸成左仆步。同时，左掌沿左腿向前切出，拳心向下；右手握拳收于腰间，拳心向上，目视左前方（图25、图26）。

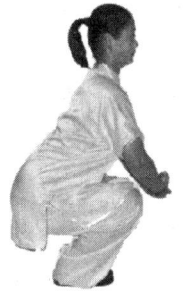

图 24

图 25　　　　　　　　　　图 26

15．搂手冲拳

重心前移，左腿屈膝成左弓步，同时左手搂手抓握收于腰间，拳心向上；右拳由腰间向前冲出，目视前方（图 27）。

16．弹腿冲拳

右脚绷直提起向前弹踢，同时右拳向前收于腰间，左拳由腰间向前冲出，目视前方（图 28）。

图 27　　　　　　　　　　图 28

17．撤步冲拳

右脚收回向后落地成左弓步，同时左拳收于腰间，右拳由腰间向前冲出，目视前方（图 29）。

18．马步架打

左腿微屈，右脚提起，脚面绷直扣于左膝后，左拳由腰间向前冲出。右脚落地，身体左转 90°，两腿下蹲成马步。同时，左拳架于头顶，拳心向上；右拳由腰间向前冲出，目视右前方（图 30、图 31）。

图 29

图 30　　　　　　　　　图 31

19. 腾空外摆莲

提左膝，右脚蹬地跳起，身体右转 360°，右腿随身体旋转自右后上方做腾空外摆，同时两拳变掌以掌心拍打右脚面，目视前方（图 32、图 33）。

图 32　　　　　　　　　图 33

20. 虎抱头

右脚落地，左脚绷直点于右脚内侧，双腿下蹲成丁字步。同时两手握拳，右拳向左向下向右架于头顶，拳眼向下，左拳向右向下向上下栽于两腿之间，拳眼向内，目视左前方（图 34～37）。

图 34　　　　　　　　　　图 35

图 36　　　　　　　　　　图 37

21．仆步切掌

左脚向前上步，蹬地跳起，落地成左仆步，同时两手在胸前做缠丝手，右拳收于腰间，拳心向上，左掌向左前方切出，掌心向下，目视左前方（图38、图39）。

图 38　　　　　　　　　　图 39

22. 搂手冲拳

重心前移，左腿屈膝成左弓步，同时左掌向左搂手收于腰间，右拳由腰间向前冲出，目视前方（图40）。

23. 迎面踢

左腿直立，右臂屈肘放于体前。右脚脚尖勾起向前上方踢起，右拳向右腿外侧下劈，目视前方（图41、图42）。

图40　　　　　　图41　　　　　　图42

24. 虚步亮掌

右脚落地，左脚向右腿后插步，身体右后转180°，两拳变掌由体前同时向右后侧劈出。然后左脚向前点出，右腿下蹲成左虚步，同时两掌由右后方向前挑掌，高与肩平，左掌在前，右掌放于左臂内侧，目视前方（图43、图44）。

图43　　　　　　　　　　图44

25. 转身右抢手

身体右后转体180°，右腿向前上步成右弓步，右掌在体前经左臂内侧向前方抢出，掌心斜向上，目视前方（图45）。

26．上步左抢手

左脚向前上步成左弓步。同时右掌握拳收于腰间，拳心向上；左拳变掌向前抢出，掌心斜向上，目视前方（图46）。

图45　　　　　　　　　　图46

27．扶地后扫腿

身体右转，左腿下蹲成右仆步，两手下按于左脚内侧；同时以左脚为轴，右脚擦地后扫一周，目视右前方（图47～49）。

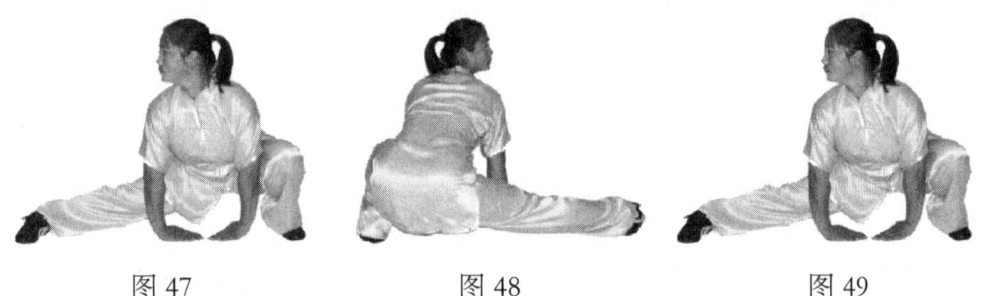

图47　　　　　　图48　　　　　　图49

28．连环掌

重心前移，身体右转成右弓步，同时两手放于腰间，掌心向上，右掌向前推出。接着右掌收回放于腰间，同时左掌由腰间向前推出。然后右掌再向前推出，左掌收于右臂内侧，目视前方（图50～53）。

图50　　　　　　　　　　图51

图 52　　　　　　　　　图 53

29．旋风脚

重心移至右腿，身体左转，左腿提起，右脚蹬地跳起，随身体向左后旋转360°做旋风脚，左掌以掌心击打右脚掌，目视脚尖（图54、图55）。

图 54　　　　　　　　　图 55

30．回头望月

两脚依次落地成马步，两臂十字交叉放于胸前。随后身体右转成右弓步，同时左手向左腿上方推出，掌心向下；右臂屈肘向右上方撑击，力达小臂，掌心向外，目视左后方（图56、图57）。

图 56　　　　　　　　　图 57

31. 腾空右拍脚

右脚向前上步,双腿屈膝下蹲,两手握拳放于腰间。双脚蹬地跳起,右脚面绷直向前踢出,右掌心击拍右脚面,左手握拳收于腰间,拳心向上,目视前方(图58～60)。

图58　　　　　　　　图59　　　　　　　　图60

32. 提膝穿掌

右脚落地,提左膝,同时双拳变掌分别向前后插出,高与肩平,目视前方(图61)。

33. 左闪跳

左脚向左前方跳步,右脚尖点地靠于左脚内侧,两腿下蹲成右丁字步。同时右掌立于左肩窝处,左掌变勾手,向左后方撩击,贴于臀部左侧,目视左后方(图62)。

图61　　　　　　　　图62

34. 右闪跳

右脚向右前方跳步,左脚尖点地靠于右脚内侧,两腿下蹲成左丁字步。同

时左勾手变掌立于右肩窝处；右掌变勾手向右后方撩击，贴于臀部右侧，目视右后方（图63）。

35. 后蹬腿

右腿站立，左脚尖勾起屈膝向后上方蹬出，目视左后方（图64）。

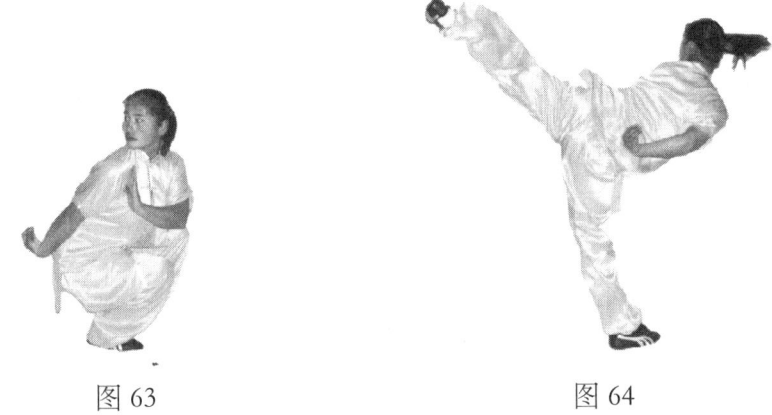

图63　　　　　　　　　　图64

36. 猛虎出洞

左脚下落，震右脚上左步成左弓步，同时两掌变拳抱于腰间，左拳在下，右拳在上向前冲出，拳心相对，目视前方（图65、图66）。

图65　　　　　　　　　　图66

37. 压肘

右臂屈肘下压，左拳变掌贴于右小臂，目视前方（图67）。

38. 转身反背锤

身体右后转180°成右弓步。同时右拳经胸前反背向斜前上方击出，拳心向后；左掌托于右肘处，目视前方（图68）。

图 67　　　　　　　　图 68

39. 退步马步架打

身体左后转体270°，右腿支撑，左掌变拳与右拳同时收于胸前，右拳在外，左拳在里，拳心向内。左脚向左后撤步成马步，同时左拳向上架于头顶，拳心向上；右拳向右前方冲出，拳心向下，目视右前方（图69、图70）。

40. 退步马步架打

身体右后转体180°，同时两拳收于胸前，右拳在外，左拳在内，拳心向内，右脚向后撤步成马步，左腿支撑，右腿提膝扣于左膝前；右拳上架于头顶，拳心向上；左拳向左前方冲出，拳心向下，目视左前方（图71、图72）。

图 69　　　　图 70　　　　图 71　　　　图 72

41. 退步马步架打

身体左后转体180°，右腿支撑，左掌变拳与右拳同时收于胸前，右拳在外，左拳在里，拳心向内。左脚向左后撤步成马步，同时左拳向上架于头顶，拳心向上；右拳向右前方冲出，拳心向下，目视右前方（图73、图74）。

图 73　　　　　　　　图 74

42．提膝双手合十

身体右后转180°，右腿支撑，左脚向右上勾踢，提膝扣于右膝前；同时两拳变掌，掌心相对在胸前合起，左脚向左落地成马步，目视前方（图75、图76）。

43．马步撑掌

步子不动，双掌同时向左、右撑击，臂与肩平，目视前方（图77）。

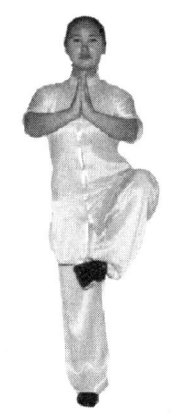  

图 75　　　　　　图 76　　　　　　　图 77

44．卧枕

身体左转成左弓步，左掌握拳经胸前向上放于左肩窝处，拳心向左；右掌握拳经左臂内侧由上向下放于裆前，拳心向右，目视右后方（图78）。

45．翻身切掌

身体右后转180°，左脚蹬地，腾空跳起，同时两手在面前缠腕。两脚落地成左仆步。同时，左掌沿左腿向前切出，掌心向下；右手握拳抱于腰间，拳心向上，目视左前方（图79、图80）。

图 78　　　　　　图 79　　　　　　图 80

46. 马步冲拳

重心前移，身体左后转体180°，右脚向前上步，两腿下蹲成马步；同时左手握拳收于腰间，拳心向上，右拳由腰间向前冲出，目视右前方（图81）。

图 81

47. 坐山势

右脚向左脚内侧震脚，左脚向左跨步成马步，同时右拳向下向左抡拳上架于头顶，拳心向上，左拳向下栽于左膝上方，拳心向外，同时发音"威"，目视左前方（图82、图83）。

图 82　　　　　　　　　图 83

48. 收势

收左脚成站立势，同时两掌变拳收于腰间，拳心向上。双拳变掌，两臂自然下垂，目视前方（图84、图85）。

图84

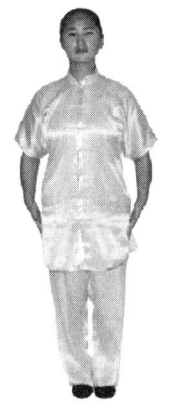
图85

第八章　长护心意门

动作名称详解

1. 预备式

两脚并步站立，两臂自然下垂，五指并拢，掌心贴于两腿外侧，挺胸收腹，目视前方（图1）。

图1

2. 起势

左脚向左开步，与肩同宽，双手上提指尖相对放于胯旁，头正身直，目视前方（图2）。

图2

3. 平心双插掌

双掌上提腰间，向前插掌，掌心向下，与肩平，目视前方（图3）。

图 3

4. 双按掌

两臂屈肘翻掌下按于两腿外侧，掌心向下，目视前方（图4）。

图 4

5. 右扳手

左手不动，右手向右侧扳出，高与肩平，目视右前方（图5）。

图 5

6. 左格手

身体左转90°，左掌向左前横格竖于左肩前，右掌手心向下收于左肘下方，目视前方（图6）。

图 6

7. 退步小跨步

右腿向后退半步下蹲成左虚步，同时左掌变爪，向右经右肩前向下放置左膝外侧。右掌变拳，拳心向前放于太阳穴，目视前方（图7）。

8. 弓步抄拳

左脚向前上步成左弓步，同时左爪变拳，经腰间向前抄出，高与肩平；右拳拳心向上放于腰间，目视前方（图8）。

图 7

图 8

9. 冲天炮

左腿直立，右脚向前提膝，左拳回收，拳心向内放于胸前，右拳经左臂外侧向上直臂冲拳，右臂屈肘放于左拳上方，目视前方（图9）。

图 9

10. 千斤坠

左拳变掌，掌心向上；右拳向下砸于左掌心，目视前方（图10）。

图 10

11. 七星冲拳

右脚向后落地，身体右转 180°，左脚靠于右脚内侧，双腿微下蹲成丁字步，同时右拳拳心向下，向前冲出，左手变拳，拳心向下放于右肘内侧，目视前方（图11）。

图 11

12. 马步单鞭

左脚向左跨步，双腿下蹲成马步。双肘下压，两拳心向内，向外崩击，而后拳心向下向身体两侧直臂冲出与肩平，目视左前方（图12）。

图 12

13. 双对拳

左脚提起，脚尖点地放于右脚内侧，双腿下蹲成左丁步。同时双拳向前拳心向下对击于胸前，力达双拳，目视左前方（图13）。

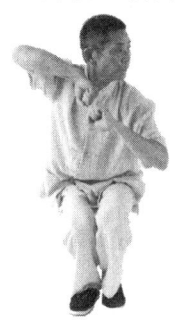

图 13

14. 左护膝爪

左脚提起，同时左拳变爪向左上挑；左脚向左落地，双腿下蹲成马步；右拳变爪下捶于左肘下方，左爪向下扣击于左膝外侧，目视左前方（图14）。

图 14

15. 右护膝爪

左爪收于左腹前，身体左转180°，右脚提起，同时右爪向右上挑，右脚向右落地，两腿下蹲成马步；左爪下捶于右肘下方，右爪向下扣击于右膝外侧，目视右前方（图15）。

图 15

16. 弓步探花

左脚提起，向前落地成左弓步。同时左爪向左膝前搂抓后变拳，向上放于左侧太阳穴处，拳心向前；右爪变拳，拳心向下，向前冲出，臂与肩平，力达右拳，目视前方（图16、图17）。

图 16   图 17

17. 转身反臂拳

身体右转180°成马步，同时左拳拳心向上收于腰间。右臂微屈，向后顶肘，随后向右下顺势砸击于身体右侧，力达右臂，拳心向上。目视右前方（图18）。

图 18

18. 并步拦腰拳

重心左移，右脚向左与左脚并步，双腿直立；右拳拳心向上收于右腰间，同时左拳拳心向右，向左崩击，力达左拳，目视左前方（图19）。

图 19

19. 弓步扳手

右脚向右上步，身体右转90°成右弓步；左拳收于腰间，右拳变掌，掌心向后，向前成扳手崩击，力达右掌，目视前方（图20）。

20. 弓步探花

左脚提起，向前落步成左弓步。右掌变拳后拳心向上收于腰间，左拳向前，拳心向右下劈，经左脚外侧向上，拳心向前架于左侧太阳穴处；右拳拳心向下向前冲出，力达右拳。目视前方（图21、图22）。

图 20

图 21

图 22

21. 小跨虎

右腿下蹲成左虚步，同时左掌变爪，向右经右肩前向下扣于左膝外侧。右拳收回，拳心向前放置太阳穴，目视前方（图23）。

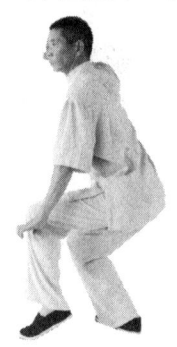

图 23

22. 十字通臂

左爪外翻变掌放于左膝上，左脚向后撤步，右脚提起。然后，右脚再向后垫步，右脚落地，身体右转180°成右弓步。上体右拧，左拳拳心向下向前冲出，力达拳面；同时右臂后撩与左腿平行，目视前方（图24、图25）。

图 24　　　　图 25

23. 马步炮

左臂屈肘收于胸前；右臂向前，上挑于左臂外侧，而后向上顺压于左臂内侧。身体左转90°，双腿下蹲成马步。同时左拳拳心向上收于腰间；右拳心向下，向右冲出，力达右拳，目视右前方（图26）。

图 26

24. 七星小架

身体右转90°，右脚震脚落于左脚内侧成七星步。同时双手变爪，右爪回收，经体前下扣于右膝；左爪向上，手心向右竖于右肩前，同时发音"咦"，目视前方（图27）。

图 27

25. 跳步冲拳

两脚蹬地跳起，向右转身下落成右弓步，同时两手变掌，掌心相对。然后，左掌向前切除后回收于腰间；右掌变拳由腰间向前冲拳，目视前方（图28）。

图 28

26. 歇步拦腰拳

身体右转90°，右脚向左脚后偷步，双腿下蹲成歇步；同时右拳向右崩击，拳心向后，力达右拳，目视右前方（图29）。

图 29

27. 双撑膀

右腿直立，左腿屈膝提起；同时双拳变掌，两臂掌心向下，十字交叉于胸前。双肘上抬向外撑击，肘与肩平，目视前方（图30）。

图 30

28. 马步单鞭

左脚向左落地，双腿下蹲成马步。双肘下压，两拳心向内，向外崩击，而后，拳心向下，向体两侧直臂冲出，双臂与肩平，目视左前方（图31）。

图 31

29. 弓步叉推掌

身体左转90°，两拳变掌交叉收于腹前。左脚脚尖擦地回收，而后向前上步成左弓步；同时双掌交叉立掌，向前推出，指与肩平，目视前方（图32、图33）。

图 32　　　　　　　　图 33

30. 右拍脚

两掌变拳，拳心向上收于腰间。右脚提起绷直向前上弹踢。右拳变掌前伸，以掌心击打右脚面。目视前方（图34）。

图 34

31. 左拍脚

右脚向前落地，右掌变拳收于腰间；左脚提起绷直向前上弹踢，左拳变掌前伸以掌心击打左脚面，目视前方（图35）。

图 35

32. 弓步探花

上动不停，左脚向前落地成左弓步。同时左掌变拳向上放置左侧太阳穴处，拳心向前，右拳拳心向下向前冲出，臂与肩平，目视前方（图36）。

图 36

33. 转身败势

身体右转180°成右弓步。同时，左拳变勾手，向下顺放于左腿外侧，勾指向后；右拳变掌，屈肘，竖立于左肩前，掌指朝上，目视左后方（图37）。

图37

34. 回身扳手

左脚提起向前上步，右脚向前上步。左脚再上一步，身体右转180°成右弓步。同时，左爪变拳收于腰间；右掌掌心向后，向前成扳手崩击。掌与鼻平，目视前方（图38）。

图38

35. 七星小架

左脚向前，脚尖垂直点地，放置右脚内侧，双腿下蹲成七星步。双手变爪，右爪向左竖于左肩前，左爪向下，扣于左膝外侧，目视前方（图39）。

图39

36. 腾空拍脚

左脚提起，双爪变拳，掌心向上收于腰间。右脚蹬地跳起，绷直向前上弹踢。右拳变掌前伸以掌心击打右脚面，目视前方（图40）。

图 40

37. 仆步切掌

右脚向后落地，右掌握拳收于腰间；左掌向右竖于右肩前，身体右转90°，双脚下落成左仆步，同时左掌沿左腿内侧左切至左脚面，目视左前方（图41）。

图 41

38. 里合腿

身体左转，左腿绷直。右脚内翻，向左上转体180°旋扫。左掌以掌心击打右脚掌，目视前方（图42）。

图 42

39. 后撩脚

右脚向前落地，身体右转90°，左脚绷直右后撩；左掌掌心向上架于头顶，右拳变掌向后下以掌心击打左脚掌，目视右后方（图43）。

图 43

40. 泼脚

左脚向左落地。身体左转，右脚向前擦地，内翻提起。左掌前下伸，以掌心击打右脚掌；同时右拳拳心向右栽击于右小腿外侧，目视右前方（图44）。

图 44

41. 弓步扳手

右脚向右落地成马步，左掌变拳收回腰间，右拳向右膝外侧砸击。随后左脚收回，两腿并拢站立，右拳收回腰间，左拳向身体左侧砸击。右脚向前落地成右弓步，同时左拳收于腰间；右拳变掌，掌心向后向前上方崩击。右掌与鼻同高，力达右掌，目视前方（图45～47）。

图 45

图 46　　　　　　　　　图 47

42. 弓步探花

左脚提起，向前落步成左弓步。同时左拳向前，拳心向右下劈，经右脚外侧向上，拳心向前放置左侧太阳穴处；右拳拳心向下向前冲出，力达右拳，目视前方（图 48、图 49）。

图 48　　　　　　　　　图 49

43. 小跨虎

左脚微后收，脚尖点地；右腿下蹲，成左虚步。同时，左臂内旋，左拳变爪下落扣于左膝前上方，右拳向上放于右侧太阳穴处，拳心向前，目视前方（图 50）。

图 50

44. 十字通臂

左脚向后撤步，右脚提起。然后，左脚再向后垫步，右脚落地，身体右转180°成右弓步，上体右拧。左拳拳心向下向前冲出，力达拳面；同时右臂后撩，与左腿平行，目视前方（图51）。

图 51

45. 马步炮

左臂屈肘收于胸前，右臂向前，上挑于左臂外侧，而后向上顺压于左臂内侧。身体左转90°，双腿下蹲成马步；同时左拳拳心向上收于腰间，右拳拳心向下向右冲出，力达右拳，目视右前方（图52）。

图 52

46. 七星小架

双手变爪，身体右转90°，右脚震脚放于左脚内侧成七星步。同时右爪回收经体前下扣于右膝外侧；左爪向上，手心向右竖于右肩前，目视右前方（图53）。

图 53

47. 翻身冲拳

两脚蹬地跳起，向后右转身下落成左弓步，同时两手变掌，掌心相对。然后，左掌向前切出后变拳收于腰间，右掌变拳由腰间向前冲拳，目视前方（图54）。

图 54

48. 歇步拦腰拳

身体右转90°，右脚向左脚后偷步，双腿下蹲成歇步；同时右拳拳心向后，向右崩击，力达右拳，目视右前方（图55）。

图 55

49. 双撑膀

右腿直立，左腿屈膝提起；同时双拳变掌，两臂掌心向下，十字交叉于胸前。然后，双掌变拳，双肘上抬向外撑击，肘与肩平，目视前方（图56）。

图 56

159

50. 马步单鞭

左脚向左落地，双腿下蹲成马步，双肘下压，两拳心向内，向外崩击。而后，拳心向下向身体两侧直臂冲出，双臂与肩平，目视左前方（图57）。

图 57

51. 弓步叉推掌

身体左转90°，两拳变掌交叉收于腹前。左脚脚尖擦地回收，而后向前上步成左弓步；同时双掌交叉，立掌向前推出，指与肩平，目视前方（图58、图59）。

图 58　　　　　　图 59

52. 退步小跨虎

身体右转90°，左脚收回，脚尖点地，靠于右脚内侧。左掌变爪向下扣于左膝外侧，右掌变拳，拳心向前，放于右侧太阳穴处，目视左前方（图60）。

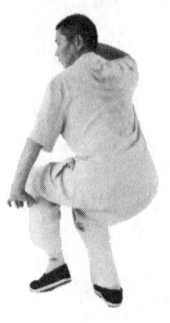

图 60

53. 左右踹腿

右腿直立，左腿屈膝提起，向左踹出。随后右腿向前落地，身体左转180°，右腿向上勾踢屈膝提起，再向右踹出。左爪变掌，收于右肩前；右拳下落，放于裆前，目视右前方（图61、图62）。

图 61　　　　　　　　图 62

54. 反臂拳

右腿落地成马步。右臂左上撩，随后微屈向右后下抡击，顺势放于身体右侧，拳心向上，左掌变拳放置腰间，目视前方（图63）。

图 63

55. 并步拦腰拳

重心左移，右脚向左与左脚并步，双腿直立；右拳拳心向上收于腰间，左拳拳心向右向左崩击，力达左拳，目视左前方（图64）。

图 64

56. 弓步扳手

右脚向右上步，身体右转90°成右弓步；左拳收于腰间，右拳变掌，掌心向后，向前崩击，力达右掌，目视前方（图65）。

图 65

57. 弓步探花

左脚提起，向前落步成左弓步。同时左拳向前，拳心向右下劈，经右脚外侧向上，放于左侧太阳穴处，拳心向前，右拳心向下，向前冲出，力达拳面，目视前方（图66、图67）。

图 66

图 67

58. 小跨虎

左脚微向后收，右腿下蹲成左虚步，同时左掌变爪，向右经右肩前向下扣于左膝外侧。右拳拳心向前放于太阳穴，目视前方（图68）。

图 68

59. 十字通臂

左爪外翻变掌放于左膝上，左脚向后撤步，右脚提起。然后左脚再向后垫步，右脚落地，身体右转180°成右弓步，上体右拧，左拳拳心向下向前冲出，力达拳面，同时右臂后撩与左腿平行，目视前方（图69、图70）。

图69　　　　　　　　图70

60. 马步炮

左臂屈肘收于胸前。右臂向前上挑于左臂外侧，而后向上顺压于左臂内侧。身体左转90°，双腿下蹲成马步；同时左拳拳心向上收于腰间；右拳拳心向下向右冲出，力达拳面，目视右前方（图71）。

图71

61. 七星小架

双手变爪，身体右转90°。右脚震脚放于左脚内侧成七星步。同时右爪回收经体前下扣于右膝外侧；左爪向上，手心向右竖于右肩前，同时发音"咦"，目视前方（图72）。

图72

62. 跳步

两脚蹬地跳起，向左转身下落成左弓步；同时两爪变掌，掌心相对。然后，左掌向前切出后变拳收于腰间，右掌变拳由腰间向前冲拳，目视前方（图73）。

图73

63. 歇步拦腰拳

身体右转90°，右脚向左脚后偷步，双腿下蹲成歇步；同时右拳拳心向后，向右崩击，力达右拳，目视右前方（图74）。

图74

64. 游身左仆步

右拳变掌，与左拳相抵于右胸前。左腿左伸绷直下落，右腿全蹲成左仆步；同时右掌推动左拳，向左腿内上侧顶肘，目视左前方（图75）。

图75

65. 左金鸡独立

左腿起立；右脚提起绷直，放于左膝前上方。同时右掌变拳，拳心向上放于腹前；左拳拳心向前架于头顶上方，目视右前方（图76）。

图 76

66. 游身右仆步

左拳变掌,与右拳相抵于左胸前。右腿右伸绷直下落,左腿全蹲成右仆步。同时,左掌推动右拳向右腿内上侧顶肘,目视右前方(图 77)。

图 77

67. 右金鸡独立

右腿起立,左脚提起绷直放于右膝前上方。同时右掌变拳,拳心向前放于腹前;右拳拳心向前架于头顶上方。目视左前方(图 78)。

图 78

68. 转身跳步探花

左拳变掌放于腹前，右拳下落砸击左掌。左脚向右前落地，身体右转，随后右脚跳起，两脚依次落地，身体右转180°成右弓步。右拳向上，拳心向前放于左侧太阳穴处；左掌变拳，拳心向下，向前冲出，臂与肩平，目视前方（图79、图80）。

图 79

图 80

69. 燕子着水

身体左转90°，左脚向右脚后偷步，双腿下蹲成歇步；同时两拳变掌由内向外抡臂一周，双掌立掌向前交叉立于胸前，右掌在外，目视左前方（图81）。

正面　　　　反面

图 81

70. 提膝侧推掌

右腿屈膝提起。同时右掌变拳收于腰间；左掌立掌，向左推出，指与口平。目视左前方（图82）。

图 82

71. 弓步推掌

身体右转180°，右脚向右落地成右弓步。左掌变拳收于腰间，右掌立掌向右推，指与口平，目视前方（图83）。

图 83

72. 燕子着水

身体左转90°，左脚向右脚后偷步，双腿下蹲成歇步；同时双手立掌，由内向外抡臂一周，向前交叉立于胸前，右掌在外，指与口平，目视左前方（图84）。

图 84

73. 提膝推掌

右腿屈膝提起。同时右掌变拳收于腰间；左掌立掌，向左推出，指与口平，目视左前方（图85）。

图 85

74. 弓步推掌

身体右转180°，右脚向右落地成右弓步。左掌变拳收于腰间；右掌立掌向右推，指与口平，目视前方（图86）。

图86

75. 左小跨虎

右脚微后收，脚尖点地，左腿下蹲成右虚步。同时右掌变爪，向下扣于右膝外侧；左拳拳心向前放于左侧太阳穴处，目视前方（图87）。

图87

76. 右小跨虎

右腿向后退一步，左脚微后收，脚尖点地，右腿下蹲成左虚步。同时左拳变爪向下扣于左膝外侧；右爪变拳，拳心向前放于右侧太阳穴处，目视前方（图88）。

图88

77. 震脚挤手炮

身体右转90°，双脚跳起并步震脚成蹲步；同时左爪变掌放于腹前，右拳由上向下，在腹前击向左掌心，目视前方（图89）。

图89

78. 仙人指路

右脚向右上步成右弓步，同时右拳变剑指向前抢出，臂与肩平，左掌变拳收于腰间，目视前方（图90）。

图90

79. 仙人指路

左脚向前上步成左弓步，左拳变剑指向前抢出，臂与肩平，右手变拳收于腰间，目视前方（图91）。

图91

80. 云顶七星

（1）右脚向后退步，身体右转270°，左手变掌向上经头顶向后向前下运行，掌心朝上收于左腹前。同时右掌心向上，向右后上经头顶向前下运行，掌心向上收于右腹前，目视前方（图92）。

（2）身体右转90°，双掌变拳，左脚微前收，双腿下蹲成七星步。同时右拳拳心向下，向前冲出；左拳拳心向下，放于右肘弯内侧。目视前方（图93）。

图 92　　　　　　　图 93

81. 马步单鞭

左脚向左落地，双腿下蹲成马步。双肘下压，两拳心向内，向外崩击，而后，拳心朝下，向身体两侧直臂冲出，双臂与肩平，目视左前方（图94）。

图 94

82. 英雄坐山

身体左转90°，右脚在左脚内侧震脚，左脚向前上步成左弓步。同时右拳向上，拳心向前放于右侧太阳穴处；左拳拳心向左，放于左膝上方。同时发音"威"，目视前方（图95）。

170

图 95

83. 收势

收左脚成站立势,同时两掌变拳收于腰间,拳心向上。双拳变掌,两臂自然下垂,目视前方(图 96、图 97)。

图 96　　　　　图 97